陕西省"十四五"职业教育规划教材 GZZK2023-1-108

高等职业学校"十四五"规划医学美容技术专业新形态纸数融合教材

面部护理技术（AR版）

U0642144

主　编　冯居秦　杨国峰　吴　莹

副主编　胡艺凡　连金玉　刘苗苗

编　者　（以姓氏笔画为序）

马竞元　西安海棠职业学院

冯居秦　西安海棠职业学院

刘苗苗　西安海棠职业学院

安　丹　西安海棠职业学院

孙艳丽　西安海棠职业学院

杨国峰　西安海棠职业学院

连金玉　西安海棠职业学院

吴　莹　湖北职业技术学院

张　娟　西安海棠职业学院

胡艺凡　湖北职业技术学院

高　杨　湖北职业技术学院

华中科技大学出版社
http://press.hust.edu.cn
中国·武汉

内 容 简 介

本书是高等职业学校"十四五"规划医学美容技术专业新形态纸数融合教材。

本书包括概述、面部护理服务流程、预防性面部皮肤护理、损容面部皮肤护理、眼部护理和面部护理常用美容仪器六个项目。

本书主要供高职高专医学美容技术专业使用，也可作为从事面部护理工作的美容技师等的参考用书。

图书在版编目(CIP)数据

面部护理技术：AR 版/冯居秦，杨国峰，吴莹主编.—武汉：华中科技大学出版社，2021.8(2025.8 重印)

ISBN 978-7-5680-7483-4

Ⅰ.①面… Ⅱ.①冯… ②杨… ③吴… Ⅲ.①面-皮肤-护理 Ⅳ.①TS974.1

中国版本图书馆 CIP 数据核字(2021)第 190434 号

面部护理技术(AR 版)　　　　　　　　　　冯居秦　杨国峰　吴　莹　主编
Mianbu Huli Jishu(AR Ban)

策划编辑：居　颖
责任编辑：余　雯
封面设计：廖亚萍
责任校对：阮　敏
责任监印：周治超
出版发行：华中科技大学出版社(中国·武汉)　　电话：(027)81321913
　　　　　武汉市东湖新技术开发区华工科技园　　邮编：430223
录　　排：华中科技大学惠友文印中心
印　　刷：湖北新华印务有限公司
开　　本：787mm×1092mm　1/16
印　　张：7.5
字　　数：180 千字
版　　次：2025 年 8 月第 1 版第 7 次印刷
定　　价：56.00 元

面部护理技术（AR版）

数字资源编者名单

（以姓氏笔画为序）

刘苗苗　　西安海棠职业学院

孙艳丽　　西安海棠职业学院

吴　莹　　湖北职业技术学院

张　娟　　西安海棠职业学院

范　红　　西安海棠职业学院

胡艺凡　　湖北职业技术学院

高　杨　　湖北职业技术学院

网络增值服务

使用说明

欢迎使用华中科技大学出版社医学资源网

1 数字资源浏览

扫对应页码上的课程二维码,即可浏览本书资源页面,点击资源,按系统要求进行账户注册,即可获取相关数字资源。

资源列表页

账户注册页

2 视频观看方法

账户注册登录——扫二维码——观看视频。

3 相关课件下载

扫对应页码上的的课件二维码,即可进行课件下载(在电脑端打开下载网址,亦可在电脑上下载课件)。

4 AR使用说明

使用微信扫描封面上的"华中出版AR"二维码,或者在微信中搜索"华中出版AR"小程序,进入本书资源列表,按系统提示扫描书中带有AR标识的图片即可进行AR交互体验。

　　党的二十大就新时代新征程党和国家事业发展制定了大政方针，进行了战略部署，在实现第二个百年奋斗目标和党团结、带领人民全面建设中国特色社会主义现代化国家的新征程中，我们全面贯彻党的教育方针，落实立德树人根本任务，坚持以社会主义核心价值观为引领，编写了本书。

　　为了贯彻落实《高等职业教育创新发展行动计划（2015—2018 年）》，推动高职医学美容技术专业教育教学改革，培养高素质及技能型医学美容技术人才，在总结近几年高职医学美容技术专业面部护理技术教学经验的基础上，在全国卫生职业教育教学指导委员会的支持和指导下，编者结合美容行业职业标准，依据各医疗美容机构、美容会所等岗位需求及要求，分析典型工作任务，确定教学内容及各项目并编写了《面部护理技术》教材。本书由西安海棠职业学院和湖北职业技术学院联合编写。

　　面部护理技术在美容行业为顾客提供的服务中逐渐完善，成为美容工作者的基本工作任务之一。本书遵循"三基五性"的基本原则，即基本理论、基本知识、基本技能和科学性、先进性、适用性、针对性和启发性，突出学生综合职业能力的培养。

　　本书编写时主要以美容行业职业标准及岗位能力要求为依据，以工作为导向，立足高职医学美容技术专业人才培养目标，将教学内容整合为六个项目：概述、面部护理服务流程、预防性面部皮肤护理、损容面部皮肤护理、眼部护理、面部护理常用美容仪器。本书以技能操作为主导，突出基本技能训练，特别是双手的力度、灵活度、柔软度、服帖度，按摩以基本要领、施力技巧、顾客满意度等为教学考核的重点。从练一双巧手，掌握按摩基础手法开始，到灵活运用按摩手法，独立完成面部护理项目操作流程，具备对面部皮肤分析、判断能力和方案制订及实施能力，为美容师顺利进入工作岗位打下基础，最大限度满足企业的用人需求。本书在编写中，充分考虑到工作情境对教学过程、教学效果的影响，利用美容仪器及案例营造具有真实工作情境（职业环境）特点的教学环境。本书内容及文字简明，安排合理，重点突出，图文并茂，充分体现了教材的实用性。

　　本书重视数字教学资源对学习过程和具体教学环节的跟踪和支持，书内的大部分重点知识点有配套视频演示,并将 AR 增强现实技术、测验统计等信息化教学手段融入其中。

本书作为数字化资源的平台载体,使得教材内容得以跨媒介拓展延伸,且本书的设计理念符合职业教育教学规律和教学环境结合数字化资源开发建设的指导思想。在信息化教学的背景下,服务于教学是本书编写与数字化资源开发融合建设的出发点和落脚点。本书既是一本数字化融合教材,也是课程资源的重要组成部分。

本书在编写过程中得到了各位编者及相关用人单位的大力支持,在此表示衷心的感谢! 由于医学美容技术专业的特殊性,加上编者水平有限,书中难免会有不足和疏漏之处,恳请广大读者谅解并予以指正。

编　者

目 录
CONTENTS

项目一

概述

全书课件

全书视频

视频:项目一
任务一　面部
护理的概念与
作用

【项目描述】

本项目主要介绍面部护理的起源与发展、概念及作用。使学生对面部护理技术有一个粗浅的认识,为后续面部护理知识和技能的学习打下基础。

【项目目标】

(1) 知识目标:了解和熟悉面部护理的起源与发展、面部护理的概念与作用。

(2) 能力目标:具备正确描述皮肤各组织结构特点和生理功能的专业能力。

(3) 素质目标:具备立德树人的理念,用心塑造"最美"服务的信念。

任务一　面部护理的概念与作用

【任务描述】

熟悉并掌握面部护理的基本概念、面部护理的作用,在为顾客制订适合的护理方案时,让其感受到专业的护理服务。

【任务目标】

(1) 熟悉并掌握面部护理的基本概念。

(2) 掌握面部护理的作用。

【任务实施】

一、面部护理的概念

面部护理,又称为脸部保养,是运用科学的方法,以及专业的美容技艺、美容仪器及相应的美容护肤品维护和改善面部皮肤,使其在结构、形态和功能上保持良好的健康状态,延缓其衰老的过程。面部护理可分为以下两类。

1. 预防性皮肤护理　预防性皮肤护理是利用清洁、去角质、按摩等护理方法来维护皮肤的健康状态。

2. 改善性皮肤护理　改善性皮肤护理是针对一些常见皮肤问题,如色斑、痤疮、老化、敏感等,利用相关的美容仪器、疗效性护肤品对其进行特殊的保养和处理,达到改善皮肤状况的效果。

二、面部护理的作用

与预防疾病的健康观一样,预防面部皮肤的问题要比治疗容易得多。要拥有好

Note

的皮肤,保养和护理工作非常关键。在全身皮肤中,面部皮肤因环境因素而受到的损害最大,容易出现敏感、晒伤、痤疮、老化等皮肤问题。正确的皮肤护理有助于改善皮肤表面的缺水状态,可保持毛孔通畅、淡化色斑、加速皮肤的新陈代谢、减少微细皱纹、有助于延缓皮肤衰老、保持皮肤的健康状态。面部皮肤护理可以起到以下 5 个方面的作用。

1. 清洁皮肤　定期到美容院或自行做适当的面部深层清洁,能有效地清除老化的角质,有助于保持毛孔通畅,加快新陈代谢,减少痤疮的形成。

2. 预防衰老　正确的面部皮肤护理有助于抵御不良环境因素的影响,减缓皮肤老化,从而保持皮肤健康、年轻。

3. 改善皮肤　通过洁肤、按摩、润肤、防护等一系列正确的面部皮肤护理操作,可加强皮肤的保护、再生和自我修复功能,有助于改善皮肤的不良状况,如晦暗、色斑、肤质粗糙等,从而保持皮肤健康、美丽。

4. 减轻压力　面部皮肤护理过程中,正确的按摩手法、舒适的环境、轻松的音乐,美容师与顾客贴心的沟通与交流,有助于顾客神经和肌肉的放松,舒缓压力。

5. 增强自信　面部护理在改善皮肤不良状况的同时,不仅能促进面部皮肤健康美丽,更能增添被护理者的信心。

面部护理见图 1-1。

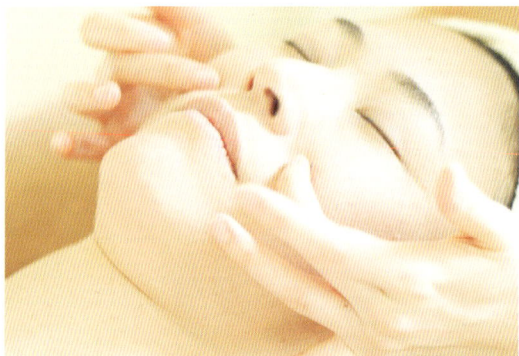

图 1-1　面部护理

【任务评价】

面部护理的概念以及护理的作用是美容工作者必须掌握的基础知识,也为后期面部美容项目学习奠定基础。

【相关知识】

学习面部护理基础知识的作用

树木可以无根吗?建造一栋房子可以不打地基吗?答案当然是不可以。所以作为一名合格的美容工作者,能不掌握面部护理的基础知识吗?当然也是不可以的。清楚了解面部护理的概念及面部护理的作用就能为顾客提供更优质、更专业的服务,并且得到顾客的最大认可。

视频：项目一
任务二 面部
护理的起源与
发展

任务二 面部护理的起源与发展

【任务描述】

本任务主要介绍面部护理的起源与发展，使学生对面部护理技术有一个粗浅的认识，为后续面部护理知识和技能的学习打下基础。

【任务目标】

了解面部护理的起源与发展。

【任务实施】

据史料记载，早在上古三代时期，就有"禹选粉""纣烧铅锡作粉""周文王敷粉以饰面"等美容护肤记录。两汉时期，《毛诗注疏》中说，兰，香草也，汉宫中种之可著粉，说明当时人们已能够从植物中提取、制作美容用的粉。

盛唐时期，美容开始向养颜和调整皮肤生理机能方面发展，大医学家孙思邈编撰的《备急千金要方》和《千金翼方》中，除收集了各种美容保健及治疗的内服、外用方200余首，还专辟"面药"和"妇人面药"两篇，收集美容秘方130首。有很多可以治疗面部疾病和美化面容、皮肤、毛发、肢体的方剂，还提供了养生驻颜的其他方法。相传武则天曾炼益母草泽面，皮肤细嫩滋润，到了80多岁仍保持美丽的容貌，她的女儿太平公主曾用桃花粉与乌鸡血调和敷面，其面色红润，皮肤光滑。

宋代，人们同样注重皮肤的养护，并沿袭和发展了唐代的美容秘方，美容技术不断提高，制出了专门的珍珠膏。

元代，一些北方游牧民族的妇女盛行"黄妆"，即在冬季用一种黄粉涂面，直到春暖花开才洗去，这种粉是将一种药用植物的茎碾成粉末，涂了这种粉可以抵御寒风和沙砾的侵袭，开春后才洗去，皮肤会显得细白柔嫩。

明代，人们用珍珠粉擦脸，使皮肤滋润。名医李时珍将医学与养生紧密结合，编撰出巨著《本草纲目》（图1-2），书中记载了数百种既是药物又是食物，既营养肌肤又美化容颜的验方，仅"面"一篇中就列载164种之多。在所有这些美容养颜方法中，有外用的，也有内服的，药用原理主要是根据皮肤反应出来的现象，或从内部调整，或从外部加以润泽或保护，既科学又很少有副作用。

图1-2 《本草纲目》

清代,宫廷的美容方法集历代之大成,比较注重饮食营养,形成了一套系列化的养颜健体的独特方法。慈禧太后在美容上大下功夫,采用脸抹鸡蛋清、身洒西桂汁、口服珍珠粉、沐浴用人乳等方法以达到美容养颜的目的。常见的美容中草药见图1-3。

图1-3　常见美容中草药

新中国成立后,随着医学、生物学、化学、物理学、营养学和遗传学的发展,人们能从科学的角度掌握皮肤的生理及病理的内外因果关系。改革开放以后,美容行业更是欣欣向荣,科学技术的日新月异、美容仪器的使用,能够很好地完成手工难以完成的细致工作。人们对养颜护肤、健美护肤的强烈要求,也促进了美容化妆品工业的迅速发展,品种齐全、功能全面的美容护肤用品、化妆用品应运而生,这些都为更好地进行皮肤护理创造了良好的条件。

近年来,社会经济的发展及科技的进步,使美容业得到发展,许多新的化妆品及保养品纷纷上市,皮肤的保养更趋向于多元化。随着美容产品和专业美容护理项目的逐步延伸,面部护理采用了各种方法和技艺进行养颜驻容、祛斑除皱、增白润肤和延缓皮肤衰老,各种美容技术迅速普及,从传统的皮肤磨削、液氮冷冻、倒模面膜、化学祛斑等,到现代激光美容、间充质注射、化妆品护肤,芳香疗法、各种现代化美容仪器的使用以及高效原生态化妆品的研制开发,美容市场日渐繁荣,取得了令人瞩目的成就。

【任务评价】

学习面部护理的起源与发展,让我们能清楚地了解从古至今各个朝代具有特色的美容方法。美容行业发展至今已经有了很多先进的手法和美容仪器,今后的美容行业会越来越好。

任务三　面部护理相关医学基础知识

视频:项目一任务三　面部护理相关医学基础知识

【任务描述】

在进行面部护理操作学习之前,必须要掌握相关医学基础知识,才能有针对性地进行更加专业的护理。

【任务目标】

(1)了解皮肤的解剖结构。

（2）能够准确描述皮肤各组织结构的基本功能。

（3）掌握皮肤的生理功能。

（4）掌握面部护理对皮肤各组织结构的影响。

【任务实施】

一、皮肤的解剖结构

皮肤是人体最大的器官，覆盖于人体的表面，并在口、唇、肛门、尿道口及阴道口等处与各器官的黏膜相移行。成人皮肤的总面积为 $1.5\sim2.0\ m^2$，总重量约占体重的 16%，皮肤的厚度为 $0.5\sim4.0\ mm$，并且随年龄、季节、性别、部位的不同而异，常与外界接触和易受摩擦以及负重部位的皮肤较厚，感觉敏锐或不易受到摩擦的部位的皮肤较薄。面部、颈部、耳廓、乳房、四肢屈侧是全身皮肤较薄的区域，其中眼睑部更薄，近乎透明，平均厚度为 $0.5\ mm$；背部、臀部皮肤较厚，约为 $2.23\ mm$；手掌和足底的皮肤最厚，为 $3\sim4\ mm$。

皮肤由浅层的表皮和深层的真皮构成，并借皮下组织与深部组织相连（图1-4）。皮肤还含有附属器以及血管、淋巴管、神经和肌肉等。

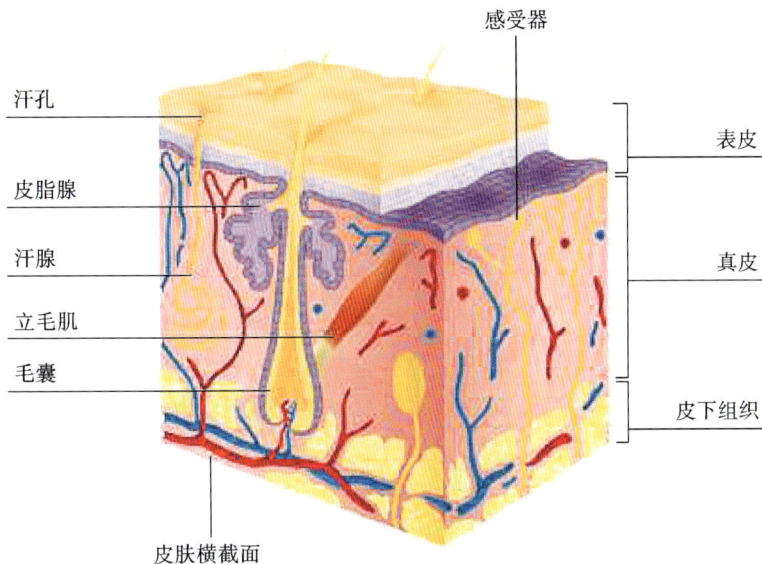

图1-4 皮肤解剖结构图

（一）表皮

表皮由角化的复层扁平上皮细胞构成。人体各部位的表皮薄厚不一，手掌和足跟部最厚，其他部位较薄。表皮内不含血管、淋巴管，但有许多细小的神经末梢。表皮对机体起保护及屏障作用，所需营养物质靠真皮渗透而来。表皮由浅至深可分为5层，即角质层、透明层、颗粒层、棘层和基底层。

1. 角质层 角质层由数层或数十层死亡的角质细胞构成。在薄皮肤，如头皮和腹壁皮肤，只有数层细胞；但在厚皮肤，如手掌、足底等经常受摩擦的部位的皮肤，可达数十层。细胞核和细胞器完全退化、消失。细胞质中充满密集的角蛋白丝，与均质状物质（主要成分是富含组氨酸的蛋白质）结合为角质，角质是角质细胞中的主要成分。角质层可防止体内水分蒸发，对酸、碱、摩擦等有较强的抵抗力，具有保护作用。角质层表层

Note

细胞到一定时间会自行脱落,形成皮屑,同时有新的细胞补充。

【相关知识】

角质层与美容

正常情况下,角质层具有吸水、保湿作用和屏障功能。当角质层的水分含量为 10%~20% 时,皮肤水嫩光滑;当水分含量低于 10% 时,皮肤易干燥、脱屑或起皱。角质层过厚,会使皮肤粗糙、发黄、晦暗,缺少光泽,甚至影响皮肤正常的生理功能。角质层越厚,皮肤吸收能力越差。角质层过薄,皮肤易干燥、脱屑,易出现发红、敏感现象。

2. 透明层　透明层位于颗粒层浅面,由 2~3 层扁平细胞构成,有控制水分、防止水分流失及防止电解质通过的屏障作用,主要存在于无毛的厚表皮内,如手掌和足底的表皮等。

3. 颗粒层　颗粒层位于棘层浅面,由 3~5 层扁梭形细胞构成,细胞中含有富含组氨酸的蛋白质颗粒,可以将蛋白质释放到细胞间形成多层膜状结构,抵挡外界有害物质侵入皮肤;同时有折光作用,可减少紫外线射入体内,使皮肤免受伤害。颗粒层为表面渗透屏障的重要组成部分。

4. 棘层　棘层位于基底层浅面,由 4~10 层多角形细胞构成,由基底层细胞分化而来。细胞向四周伸出许多细短的棘状突起,称为棘细胞。棘细胞的主要功能是增强皮肤的黏合力,以适应皮肤的延展性。在棘层内散在着朗格汉斯细胞,该细胞是机体的第一道防线,可识别、结合、吞噬和处理入侵皮肤的抗原,在接触性过敏、皮肤移植免疫等方面起重要作用。

5. 基底层　基底层位于表皮的最深层,借基膜与真皮的乳头层相接,由基底细胞和黑色素细胞构成。基底层为表皮各层细胞的再生层,细胞比较幼稚,具有较强的分裂增殖能力,新生的细胞不断向浅层推移,分化为其余各层细胞并逐渐角质化,不断脱落,同时对受损的表皮细胞起到修复作用。基底层是表皮细胞的生命之源,故基底层又称生发层。

在基底层细胞之间散在着一些体积较大的黑色素细胞,这类细胞表面有许多突起伸入基底层和棘层细胞之间。黑色素细胞的细胞质内充满黑色素颗粒。黑色素颗粒的多少是决定皮肤颜色的主要因素。黑色素可以吸收阳光中的紫外线,防止紫外线过多渗入体内造成伤害,黑色素细胞越活跃,皮肤越容易长斑、暗黄。白化病患者因黑色素细胞内缺乏黑色素颗粒而使皮肤呈白色。

(二)真皮

真皮位于表皮的深面,与皮下组织相连,由致密结缔组织构成。真皮的厚度也因部位而异,一般为 1~2 mm;眼睑处最薄,约 0.5 mm;手掌和足底最厚,可达 3 mm 或更厚。真皮由大量的纤维结缔组织、细胞和基质构成,并含有丰富的感觉神经末梢、血管、淋巴管、肌肉及皮肤附属器。由于细胞基质中主要成分为有锁水作用的透明质酸,所以真皮层含水量高,占全部皮肤组织的 60%。若低于 60% 时,皮肤会出现干燥、起皱等失水状态。真皮分为浅部的乳头层和深部的网状层(图 1-5)。

1. 乳头层　乳头层紧贴表皮的基底层,并向表皮突起形成真皮乳头。真皮乳头的形成增加了表皮与真皮的接触面,有利于两者的连接。乳头层有丰富的毛细血管,可供给表皮营养物质和运出代谢产物,并含有游离神经末梢和触觉小体。

2. 网状层　网状层位于乳头层的深面,较厚,由大量的粗大胶原纤维纵横交织成网状,弹性纤维穿行其中,使皮肤具有较强的韧性和弹性。

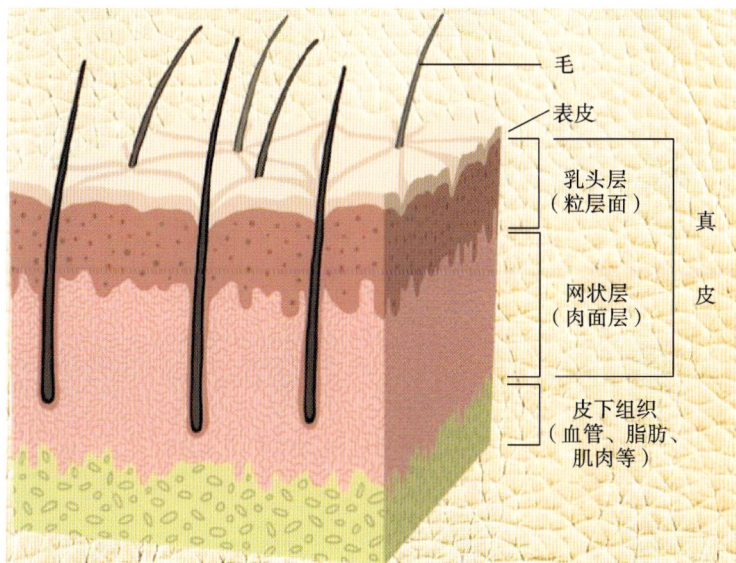

图 1-5　真皮解剖结构图

【相关知识】

胶原纤维与弹性纤维

胶原纤维是真皮结缔组织中最为丰富的成分,主要化学成分是胶原蛋白。在真皮中部和下部,胶原束的方向几乎与皮面平行,并互相交织在一起,在一个水平面上向各种方向延伸。胶原纤维是目前认为与皮肤老化关系最为密切的真皮有形成分。

弹性纤维的化学成分主要是弹性蛋白。在真皮部最粗,其排列方向和胶原纤维相同,可以缠绕在胶原纤维束之间,与表皮平行。弹性纤维对牵拉有更大的耐受力,主要与皮肤弹性关系密切。

胶原纤维与弹性纤维交织在一起组成了既有韧性又有弹性,既能使器官与组织抵抗外来牵引力,又能保持形态和位置相对固定的疏松结缔组织。

（三）皮下组织

皮下组织位于真皮的深面,又称浅筋膜,由疏松结缔组织和脂肪组织组成,其中有汗腺、毛囊、血管、淋巴管、神经及大量的脂肪细胞。皮下组织的厚度因性别、营养状况及身体部位不同而异。女性下腹部、臀部和大腿上部的皮下脂肪最为丰富,是第二性征的表现。皮下组织结构见 AR 1。

【相关知识】

皮内注射与皮下注射

在临床护理工作中,皮内注射是将药物注入皮肤的真皮层内,常用于过敏反应的测试。皮下组织由疏松结缔组织和脂肪组织组成,皮下注射是将药物注入皮下组织层,常用于预防接种。

（四）皮肤的附属器

皮肤的附属器由表皮细胞演化而来,包括毛发、皮脂腺、汗腺（图1-6）和指（趾）甲。

Note

表皮层
真皮层
皮下组织
神经纤维
毛细血管
皮脂腺
汗腺　毛囊　淋巴管　汗腺
1胶原纤维
2弹性纤维
脂肪细胞

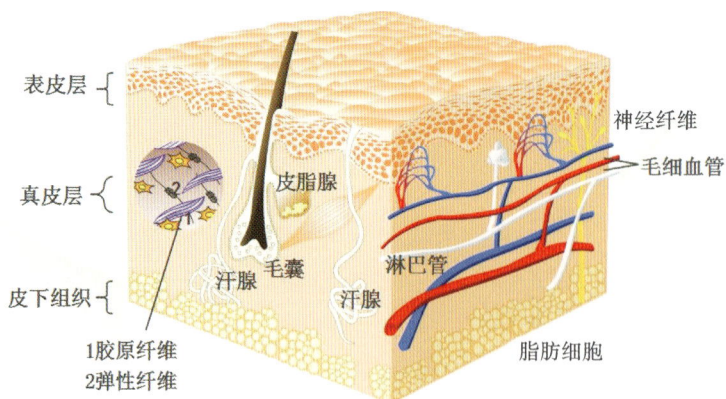

AR 1　皮下组织结构图

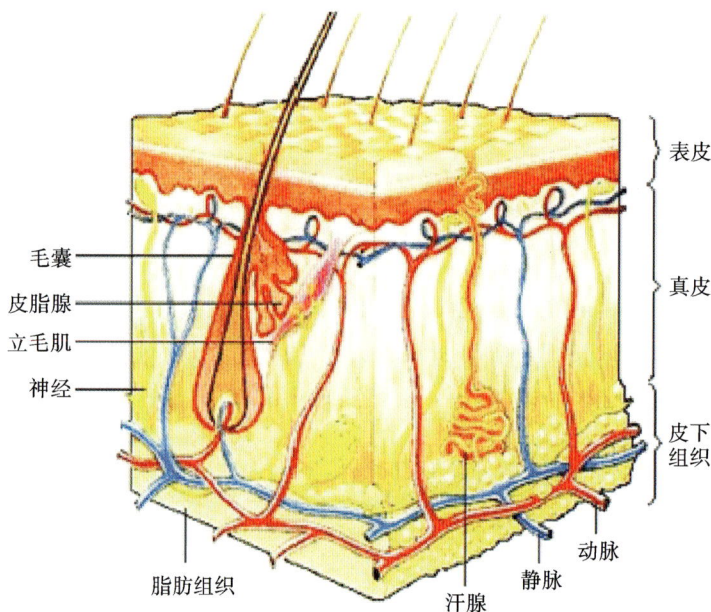

表皮
真皮
皮下组织
毛囊
皮脂腺
立毛肌
神经
脂肪组织　汗腺　静脉　动脉

图 1-6　皮肤附属器

1. 毛发　人体表面除手掌、足底、红唇、阴茎头、阴蒂、阴唇等处无毛发外,其余体表部位均有。面部、躯干等处的毛发,色素少,纤细而柔软,又称毳毛(汗毛)。

每根毛发分为毛干、毛根、毛囊和毛球 4 个部分。毛干是露出皮肤表面的部分;毛根是埋于皮肤内的部分;毛囊是毛根周围的上皮组织和结缔组织形成的鞘状结构;毛球是毛根和毛囊的末端膨大。毛球的上皮细胞是一群增殖能力和分化能力很强的细胞,为毛发生长的原基。上皮细胞之间含黑色素细胞,在毛发的生长过程中,黑色素细胞产生的黑色素不断注入毛根和毛干从而使毛发呈黑色。随着年龄的增长,黑色素减少,毛发逐渐变白。毛球底部凹陷,有血管和神经伸入其中,称为毛乳头,给毛发的生长提供营养。若毛乳头被破坏或退化,毛发将停止生长并逐渐脱落。毛囊的倾斜面附有一束斜行的平滑肌,称为立毛肌。收缩时可使毛发竖立,皮肤呈现"鸡皮疙瘩"样外观。

微信搜一搜
华中出版AR

操作提示:微信扫码打开AR小程序,扫描有AR标注的图片

2. 皮脂腺　皮脂腺位于真皮内,由分泌部和导管部组成。除了手掌、足底,全身皮肤中都有皮脂腺,尤以头部、面部、胸部及背部较多。皮脂腺可分泌皮脂,对皮肤和毛发有润滑、保湿、防水和抑制细菌的作用,使皮肤表面滋润柔软,防止干裂。大多数皮脂腺的导管开口于毛囊上部,腺体则位于立毛肌和毛囊之间,当立毛肌收缩时,可促使皮脂腺排出皮脂。在乳晕、红唇及小阴唇区的皮脂腺直接开口于皮肤。

皮脂分泌过多容易堵塞毛孔,产生黑头、暗疮;皮脂分泌过少,皮肤则干燥。皮脂腺的分泌活性受性激素的调节,在青春期分泌活性最旺盛,女性绝经后皮脂腺开始萎缩,男性则可维持至 70 岁左右。由皮脂腺分泌的皮脂、汗腺分泌的汗液及角质细胞分泌的角质在皮肤表面乳化形成的一层透明薄膜,称为皮脂膜。皮脂膜具有屏障作用,能有效锁住水分,润泽皮肤。在自然情况下皮脂膜的 pH 值维持在 5～6,呈弱酸性,以保持皮肤的健康。

3. 汗腺　汗腺由分泌部和导管部构成。分泌部位于真皮网织层内,盘曲成团;导管部经真皮到达表皮,开口于皮肤表面。汗腺可以分泌汗液,汗液中含有钙、钠、氯、尿素及乳酸等代谢产物,对维持体内水盐代谢和酸碱平衡起重要作用。根据汗腺大小、所在部位和结构的不同,汗腺可分为小汗腺和大汗腺。

(1) 小汗腺:一般所说的分泌腺,遍布全身,以手掌、足底、腋窝、腹股沟等处较多。

(2) 大汗腺:主要位于腋窝、乳晕、脐窝、肛周,以及男女生殖器等部位。青春期后,汗液由于受性激素的刺激而分泌旺盛,其分泌物较黏稠,被细菌分解后产生异味,如腋臭(狐臭)。

汗液过多,会冲掉皮肤表面过多的皮脂,使正常的弱酸性皮肤变为弱碱性,降低皮肤的抵抗力,杀菌力也会下降,有人因此会发生皮肤疾病,如汗斑、毛囊炎、湿疹、疖子、痱子等。

4. 指(趾)甲　指(趾)甲是指(趾)背皮肤的衍生物,由真皮增厚而形成,是指(趾)背末端高度角化坚硬的皮肤附属器。

【相关知识】

影响皮脂腺分泌的因素

影响皮脂腺分泌的主要因素包括性别、年龄,内分泌因素,皮肤的湿度,饮食因素,季节变化等。

(1) 性别、年龄:青春期之前皮脂腺的分泌量较低,自青春期开始,分泌量逐渐增加,16～20 岁达到高峰。女性在 40 岁左右、男性在 50 岁后皮脂腺分泌开始减少。

(2) 内分泌因素:人体雄激素和肾上腺皮质激素可使皮脂腺分泌功能增强,所以男性皮肤比女性皮肤偏油性,表皮层较厚实。

(3) 皮肤的湿度:当皮肤长期干燥时,皮脂腺的分泌功能会过度活跃,出现异常出油现象。

(4) 饮食因素:经常吃油腻、辛辣及高糖、高热量的食物可促使皮脂腺分泌量增加。

(5) 季节变化:冬季皮脂代谢率下降,会使皮脂分泌减少;夏季天气炎热时皮肤表面汗液量增加,皮脂更容易在面部分布,因此皮肤会显得更油腻。

二、皮肤的生理功能

(一)保护功能

皮肤是人体的第一道防线,正常皮肤表面因皮脂和汗液的作用而呈弱酸性 pH 值 5.5～6.5,对细菌有一定的抑制和杀灭作用;表皮的各层具有阻止物质通过和细菌入侵的作用,并能抵抗摩擦、绝缘和抗酸碱刺激;真皮具有抗压、抗牵拉和缓冲外力的作用;表皮中的角蛋白和角质颗粒能折射光线,黑色素可吸收紫外线,起到防止日光对机体的损伤作用;皮肤各层内的免疫细胞,能对外来的异物产生免疫应答和排斥,阻止其进入机体。

(二)吸收功能

1. 皮肤的吸收途径

(1)脂溶性物质通过角质层细胞膜渗透进行吸收,如气体分子,维生素 A、维生素 D、维生素 E、维生素 K,激素等。

(2)大分子及水溶性物质通过毛囊口及腺体导管进行吸收。

(3)少量的小分子物质通过表皮间隙进行吸收。

2. 影响皮肤吸收功能的因素

(1)角质层的厚薄:角质层越薄,营养成分越容易渗透而被吸收。美容师在做皮肤护理时,可采用脱屑的方法,使角质层变薄。

(2)皮肤的含水量多少:皮肤含水量越多,吸收能力越强。采用蒸汽喷面可补充角质层含水量,皮肤柔软后可增加渗透和吸收能力。

(3)毛孔状态:毛孔数量越多,且处于扩张状态时,越有利于营养的吸收。

(4)局部皮温:局部皮肤温度高,汗孔张开时,营养物质可以通过汗孔进入真皮而被吸收。皮肤按摩、热膜、蒸汽喷面等均可增加局部温度,促进营养物质的吸收。

另外,还可利用机械力(如拍打)、电流刺激(如仪器导入)和化学性状(如酸碱度)的改变来增大细胞膜的通透性从而增加吸收。

(三)分泌和排泄功能

分泌和排泄功能主要是指汗液和皮脂的分泌。汗液含有99%的水分,出汗不仅能带走大量的热能,还能附带排泄出体内的代谢产物,如无机盐、尿素、尿酸等,以维持体内水盐和酸碱代谢平衡,减少毒素,减轻肾脏负担。汗液的分泌受神经系统的调节,而皮脂的分泌受内分泌的控制。雄激素和肾上腺皮质激素可促进皮脂的分泌,所以年轻人的皮脂分泌旺盛,容易出现粉刺或暗疮。皮脂对皮肤有润泽和保护作用。

(四)感觉功能

皮肤中含有丰富的神经末梢,可感受环境中的各种刺激而产生痛、温、冷、压、触和痒等感觉,从而使机体对环境中的刺激做出趋利避害的反应。

(五)体温调节功能

皮肤是机体进行体温调节不可缺少的器官。皮肤通过感觉神经末梢来感知外界温度的变化,通过一系列的反射,调节皮肤内血管的收缩和舒张、毛孔的关闭和开放、汗液分泌的减少与增多等,从而使皮肤表面的散热减少或增加来维持体温的恒定。另外皮肤与皮下组织中的脂肪组织可对人体起到保温或御寒的作用。

(六)代谢功能

皮肤属于人体的一部分,因此它也参与了机体的代谢活动,并对整个机体的代谢起着重要的作用。真皮和皮下组织中储存有大量的水分和脂肪,不但使皮肤润泽而丰满,也是机体的"储能库"。在一定情况下,皮肤中的水分和盐分可以进入血液,或由血液转入皮肤,以维持和调节体内的水盐代谢、酸碱代谢和能量代谢的平衡。皮肤中还含有蛋白质、盐、葡萄糖、维生素等,供给皮肤生长、修复的营养,满足皮肤新陈代谢的需要。皮肤在紫外线的作用下可合成维生素 D 和黑色素,能预防小儿佝偻病和老年骨质疏松症,保护皮肤不被晒伤。

（七）呼吸功能

皮肤可以通过汗孔、毛孔进行呼吸，直接从空气中吸收氧气，同时排出体内的二氧化碳。它的呼吸量大约为肺部的 1%。

面部的角质层比较薄，毛细血管丰富，又直接暴露于空气中，其呼吸作用较身体的其他部位更为突出。平时化妆过浓、带妆时间过长或晚上涂抹护肤品过于厚重，会妨碍皮肤的呼吸，损害皮肤的健康。

（八）再生功能

皮肤的再生包括生理性再生和修复性再生两类。

生理性再生是指皮肤的角质细胞不断地死亡脱落，基底细胞又不断分裂增殖加以补充，以维持皮肤细胞总量和生理功能的动态平衡的现象，一般周期为 28 天。

修复性再生是指当皮肤受到外伤时，由表皮细胞分裂繁殖使创口愈合或将创面覆盖，使皮肤恢复其完整性的现象。

皮肤生理功能如图 1-7 所示。

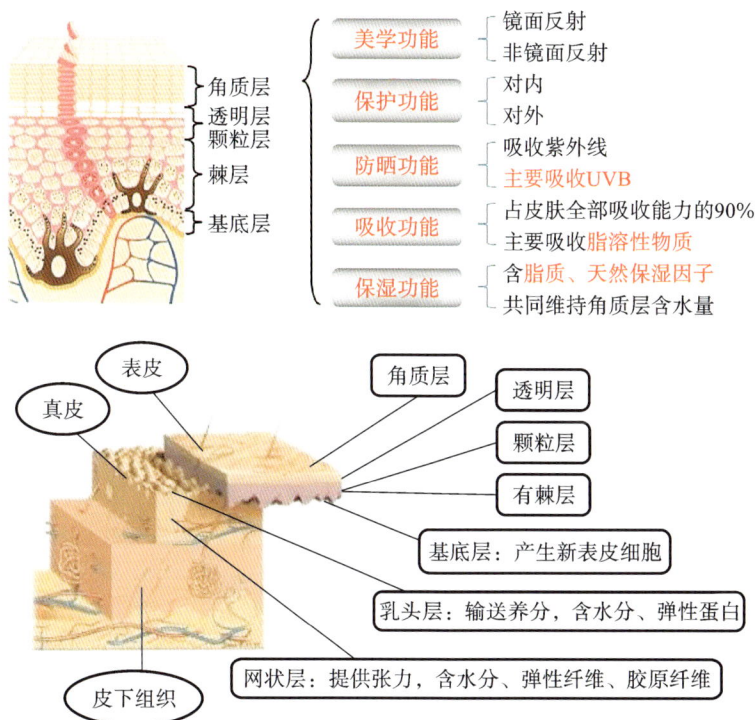

图 1-7 皮肤生理功能

三、按摩对头面部组织结构的影响

（一）按摩对表皮的影响

1. 按摩对表皮细胞的影响 按摩使角质形成细胞充满活力，其原理主要表现在以下两个方面。

（1）解除负担（抑制）：按摩可以促使沉积在皮肤表面的角质细胞脱落，解除了过厚的角质细胞对基底层细胞的反馈性抑制作用，从而加快基底层细胞的更新速度，恢复角质形成细胞正常的更新时间，细胞活力增强。

Note

(2)激发活性:按摩以一种外力(物理性)刺激基底层细胞,受到刺激的基底层细胞会重新回到正常的分裂、更新周期,改善已经习惯的迟缓状态,使细胞恢复活力。

2. 按摩对表皮吸收的影响　按摩通过影响表皮的吸收途径,达到提高表皮吸收能力的效果。

(1)按摩时,皮肤温度增加致使开口在表皮表面的毛孔、汗腺管扩张,表皮吸收能力明显增加。

(2)按摩时,由于温度、机械刺激的影响,角质细胞重新排列,细胞间隙改善,通过率增加,表皮吸收随之增加。

(3)按摩时,皮肤内环境发生变化,致使细胞膜通透性增加,经膜吸收率随之增加。

3. 按摩对角质层水合作用的影响　按摩维护了角质层细胞的水合作用。在按摩过程中,角质层细胞借助按摩从外界吸收了充足的水分,使皮肤含水量明显增高,变得柔软。同时,按摩使角质层"天然保湿因子"含量增加,维护了角质细胞吸湿、保湿能力(水合作用)。这些"天然保湿因子"来自以下几个方面。

(1)从按摩介质中获得:按摩介质(或精华)中含有丰富的氨基酸、玻尿酸(又称透明质酸,是支撑肌肤弹性的必要成分)等物质,借助按摩通过表皮吸收途径进入皮肤。

(2)从血液中获得:按摩时血液循环加快,细胞间物质交换增加,大量的微量元素(保湿因子)进入细胞。

(3)从细胞代谢中获得:角质形成细胞新陈代谢增加,其中蛋白质、多糖等代谢增加,产生大量的中间物质,使保湿因子含量增加。

4. 按摩对肤色的影响　按摩过程促使着色的角质细胞脱落,皮肤显得白皙,同时按摩可以借助施力,调整黑色素细胞向角质形成细胞输送黑色素的过程,促使其均匀分布。均匀了肤色,淡化了色斑。

(二)按摩对真皮、皮下组织的影响

按摩中手法施力可以深达真皮和皮下组织层。这些温和的物理刺激对真皮和皮下组织会造成以下几个影响。

1. 按摩对真皮细胞的影响　真皮细胞主要包括成纤维细胞、肥大细胞和淋巴细胞。

(1)按摩对成纤维细胞的刺激具有"唤醒"效应。年复一年、周而复始的工作,很容易使人体细胞处于休眠状态,成纤维细胞也不例外。按摩起到一个良性刺激的作用,唤醒成纤维细胞,使其活性增强。

(2)肥大细胞是专门的分泌细胞,是免疫和炎症反应中的重要效应细胞。按摩会增加肥大细胞的耐受性、承受性,使其安静、平和,从而降低皮肤的敏感度。

(3)适度的刺激可以维持真皮淋巴细胞、吞噬细胞的活性,在增加皮肤免疫能力的同时,增加皮肤的自洁作用,排出"毒素"。

2. 按摩对真皮纤维组织的影响　真皮的主要构成是纤维组织,对维持皮肤厚度、韧性和弹性起着重要作用。随着岁月的增长,它们的含量会逐渐减少,功能逐渐减弱,导致皮肤变薄、松弛下垂和多皱。按摩对真皮纤维组织的影响主要表现在以下两个方面。

(1)保持纤维组织活性:按摩可以通过激活成纤维细胞,保持纤维组织的合成、降解平衡和活性状态。

(2)促进纤维组织交联:按摩可以刺激胶原蛋白、弹力蛋白的活性,促进其交联,以增加胶原纤维的韧性强度和弹力纤维的稳定度。呈现在皮肤的外在表象是皮肤韧性、弹性增强,皱纹减少或消失。

3．按摩对皮下组织的影响

（1）促进多余水分的回收：按摩施力可以促进毛细血管和毛细淋巴管对水分的回收，从而减少皮下脂肪层过多水分的囤积。

（2）促进脂肪细胞溶解吸收：按摩施力可以促使一些脂肪细胞破裂、溶解，更容易被毛细淋巴管回收。所以按摩后有脸型缩小的现象。

（三）按摩对皮肤毛细血管、淋巴管和神经组织的影响

1．按摩对毛细血管、淋巴管的影响　按摩使皮肤毛细血管、淋巴管扩张，管壁通透性增强，皮肤内的物质交换和含氧量明显增加，同时也促进皮肤内代谢产物的回收和排泄，可以实现"排毒"效果。

2．按摩对神经组织的影响　按摩时对皮肤适度的压力以及双手的温度，刺激末梢神经，并将刺激上传至中枢神经，抑制兴奋中枢，激活镇静中枢，产生镇静、安抚的效果，就像婴儿在爱抚中很快入睡一样。

（四）按摩对皮肤附属器的影响

（1）按摩使毛囊周围血液循环加快，有利于毛发生长。

（2）按摩可以加速毛囊口角质细胞（死皮）脱落，减少毛囊口的淤堵，使皮脂排出、毛囊口通畅。

（3）按摩可以促进皮脂腺分泌、排泄。

（五）按摩对肌肉、筋膜的影响

（1）按摩通过对神经兴奋性的抑制，使肌肉组织松弛，改善由于过多表情运动造成的肌肉僵持状态。

（2）肌肉的血液储存量非常大，按摩使血液循环加速，促进了肌肉组织内血液循环，减少了血液在肌肉组织内的淤积，具有活血化瘀的效果。

（3）筋膜位于肌肉组织间，由于肌肉僵硬、气血淤堵，非常容易造成筋膜的慢性炎症性粘连，形成筋结等。按摩则通过缓解肌肉僵硬、促进血液循环，减轻和预防筋膜的炎症反应。

（六）按摩对面部经络的影响

（1）按摩施力作用于经络，可以带动血液运行，使面部红润、光泽。

（2）按摩通过对经络刺激，可以平衡阴阳，调和脏腑，扶助正气，祛散邪气。

（3）按摩可避免瘀血和痰饮形成，同时对已经形成的瘀血、痰饮（筋结）具有散结、通调的作用。

面部按摩见图 1-8 所示。

图 1-8　面部按摩

同步测试

一、单选题

1. 皮肤是人体最大的器官,覆盖于人体的表面,皮肤的厚度为(   )。
A.0.4~4.0 mm   B.0.5~4.0 mm   C.0.6~4.0 mm   D.0.7~4.0 mm

2. 医学解剖学将人体皮肤分为三层,以下不正确的是(   )。
A. 表皮   B. 真皮   C. 皮下组织   D. 筋膜层

3. (   )位于表皮的深面,与皮下组织相连,由致密结缔组织构成,分为浅部的乳头层和深部的网状层。
A. 表皮层   B. 真皮层   C. 皮下组织   D. 皮下的附属器

4. (   )是表皮最外层的部分,是由表皮基底层逐渐分化而来。其可防止体内水分蒸发,对酸、碱、摩擦等有较强的抵抗力,具有保护作用。
A. 角质层   B. 透明层   C. 颗粒层   D. 棘层

5. 皮脂膜具有屏障作用,能有效锁住水分,润泽皮肤,其 pH 值维持在(   ),呈弱酸性,以保持皮肤的健康。
A.3~4   B.4~5   C.5~6   D.6~7

二、多选题

1. 面部皮肤护理可以起到的作用是(   )。
A. 清洁皮肤   B. 预防衰老   C. 改善皮肤   D. 减轻压力   E. 增强自信

2. 面部护理的起源发展中,史料典籍中记载了(   )等美容护肤的方法。
A. 禹选粉   B. 周文王敷粉以饰面   C. 黄妆
D. 珍珠粉擦脸   E. 脸抹鸡蛋清,身洒西桂汁

3. 表皮由浅至深可分为(   )。
A. 角质层   B. 透明层   C. 颗粒层   D. 棘层   E. 基底层

4. 皮肤的生理功能是(   )。
A. 保护功能   B. 吸收功能
C. 分泌和排泄功能   D. 感觉功能
E. 体温调节功能

5. 影响皮脂腺分泌的因素有(   )。
A. 性别   B. 年龄   C. 内分泌因素   D. 饮食营养   E. 过度清洁

三、简答题

简述按摩对肤色的影响。

思政金句

才者,德之资也;德者,才之帅也。 ——北宋·司马光
读书之法,在循序而渐进,熟读而精思。 ——南宋·朱熹
健康长寿是我们共同的愿望。 ——习近平
坚持美人之美、美美与共。每一种文明都是美的结晶。 ——习近平

面部护理服务流程

【项目描述】

顾客与美容师相互认识后,根据顾客意愿,美容师引领顾客进行沐浴,消除疲劳,放松身心,顾客在沐浴期间,美容师要准备一些后续操作需要的用品。本项目由 4 个任务组成,任务一是顾客接待与咨询,任务二是顾客档案,任务三是皮肤分析,任务四是面部皮肤护理方案的制订。

【项目目标】

(1) 知识目标:了解和熟悉顾客接待与咨询的内容及顾客档案的基本内容。

(2) 能力目标:掌握顾客接待与咨询的流程,能正确填写顾客档案。

(3) 素质目标:具备爱岗敬业、全心全意为顾客服务的奉献精神。

视频:项目二
任务一 顾客
接待与咨询

任务一 顾客接待与咨询

【任务描述】

规范顾客接待咨询标准和流程,确保在为顾客提供专业服务的同时,让顾客感受到温馨愉悦的服务。

【任务导入】

美容顾问与美容师严格执行本规范,确保向顾客提供专业和温馨愉悦的美容服务。店长负责监督检查本规范执行,确保服务的专业性。

【任务目标】

(1) 掌握顾客接待与咨询的流程以及皮肤分析方法,具备制订面部皮肤护理方案的能力。

(2) 熟悉顾客接待与咨询的内容。

(3) 了解顾客档案填写的基本要求和顾客档案的制作与使用。

【任务实施】

一、顾客接待与咨询的十三个程序(图 2-1)

接待服务→入座奉茶水→填写咨询表格(顾客档案)→皮肤测试(仪器)→问题(需求)咨询→护理建议→皮肤护理→效果与感受的确认→居家保养建议(配产品)→服务流程缔结→预约下次护理时间→送顾客出门→电话回访。

Note

图 2-1　顾客接待与咨询

二、顾客接待与咨询具体说明

1. 接待服务　接待服务是顾客进门的第一程序。第一印象十分重要,建立良好的第一印象,关系到能否留住这位顾客。一般大型美容院专设迎宾小姐,而中小型美容院为节省费用可以不专设接待员,直接由美容师负责接待,美容师都在工作时,则由前台负责接待,接待时要面带微笑,使用"您好!""欢迎光临!""请进!"等日常礼貌用语。

2. 入座奉茶水　老顾客来了后要询问是否需要喝杯茶再做护理,新顾客来了就要请顾客先坐下来,再奉上一杯茶水,让顾客感到亲切、温暖,有宾至如归的感觉。

3. 填写咨询表格(顾客档案)　新顾客光临时要详细填写顾客档案,如姓名、年龄、出生日期、工作单位、皮肤种类、以前做过何种护理或治疗等,填写要详细(这就像医生填写患者病历,可以提供诊断的依据)。给顾客做完护理后,要填写护理程序及注意事项,因为每个顾客不可能每次来都是同一个美容师接待,以供以后接待的美容师做参考。

4. 皮肤测试(仪器)　有条件的美容院都必须准备皮肤测试仪,增加专业性和说服力,判断准确,好"对症下药"。

5. 问题(需求)咨询　了解顾客急需解决的问题,找出顾客的需求,如护理、丰胸、减肥、美体等。

6. 护理建议　根据前面三点的了解,并结合顾客的消费水平综合考虑,提供一套最合理、最科学的护理建议。

7. 皮肤护理　顾客第一次来做护理,大都希望对美容院的技术、产品、服务有一个详细的了解,因此美容师在做护理的过程中每用一个产品都要给顾客介绍产品的功效,每进行一步护理程序都要告诉顾客这个程序的作用,并适时地介绍一些日常护理的小知识,上面膜以后就不要和顾客说话了,也请顾客不要说话,让顾客整体放松,以吸收更多的养分,得到确实的效果,这时美容师可以给顾客做手部、肩部、头部的按摩(图 2-2)。

8. 效果与感受的确认　护理程序完成后,可以让顾客到镜子前面看效果,帮她分析护理前与护理后的不同之处,让她看到确实的效果,并得到她的肯定,这时可多用赞美的语言。

9. 居家保养建议(配产品)　顾客看到效果后会确信产品的功效,这时应趁热打铁,给顾客推荐适用的产品,并提出一些居家保养的建议,让顾客知道应每星期来一次美容院做深层的清洁和营养,但仅一次护理不可能提供皮肤一星期的养分及水分,因此顾客必须在家进行居家保养,以保持皮肤的弹性及水分。

10. 服务流程缔结　交费、填写护理卡(会员卡、积分卡)、介绍一些美容院的优惠项

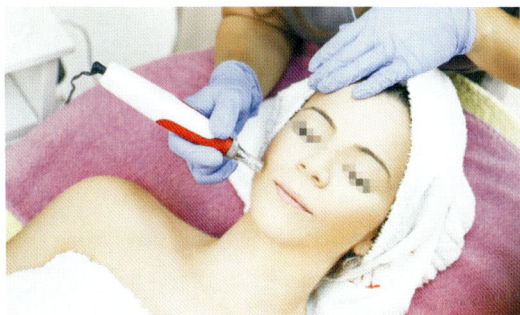

图 2-2　皮肤护理

日及成为老顾客后所享受的特别待遇等。

11. 预约下次护理时间　很多人会忽视这一点,要引起重视,要让顾客感到每星期来做护理的好处,并形成一种习惯。

12. 送顾客出门　大多数美容院送顾客只送到门口,这就浪费了一次很好的宣传机会,现在美容院要提倡"迎三送七",也就是送顾客时,要把顾客送出门外,这样美容院不但可以稳定客源,还可以新客不断。

(1) 顾客会感到美容师非常热情,很尊重她,会有自豪、满足感。外面的人每天看到美容师送顾客的次数很多,就会感到这个美容师的技艺肯定很不错。

(2) 顾客会感到美容院的服务态度特别好,特别亲切,有上帝般的感受,不但有自己来做护理的欲望,而且还会有带朋友过来一起享受的欲望。

13. 电话回访　新顾客在第一次护理后的第 4 天,要进行电话回访。让顾客感受到美容师的关爱之情,7 天左右时再次去电,用真诚的心去打动顾客,让她再次光临,特别是需要做治疗的顾客,更是要多打电话随时关怀。老顾客 7 天后也要打电话,督促她来做护理,这样顾客由于坚持来做护理,护理效果更加明显。因此美容师一定要记得给顾客打电话,这是一举两得的好事。

【任务评价】

认识到顾客接待与咨询的重要性,俗话说,要成功就是将简单的事情重复做,成功就是每天进步 1%。学习了以上方法,只要你认真去做、反复去做,不久的将来,你就会成为一名优秀的、顾客都喜爱的美容师。

【相关知识】

服务的重要性

"服务创造价值"道出了服务的重要性,美容师服务的好坏直接影响到美容院的业绩与生存,所以美容师的每个服务环节就显得尤为重要,很多美容师不是不想做好,而是不知道怎么样去做好,如何让美容师为顾客提供五星级标准的服务呢?

任务二　顾 客 档 案

视频:项目二
任务二　顾客
档案

【任务描述】

规范顾客档案管理,在确保为顾客提供专业服务的同时,锁定和跟踪美容院的后续重点目标顾客并做详细的记录。

【任务导入】

美容师应严格执行本规范，确保向顾客提供专业和温馨愉悦的美容前导服务。店长负责监督检查本规范的执行，确保服务专业。档案管理员后期负责顾客档案的归档和管理。

【任务目标】

（1）熟悉顾客接待与咨询的内容及顾客档案的基本内容。

（2）了解顾客档案填写的基本要求和顾客档案的制作与使用。

【任务实施】

一、概论

（一）顾客档案

顾客档案就是有关顾客情况的档案资料，是反映顾客本身及与顾客有关的商业流程的所有信息的总和。顾客档案包括顾客的基本情况、市场潜力、经营发展方向、财务信用能力、产品竞争力等各个方面内容。

（二）建立顾客档案的目的

建立顾客档案的目的是为了缩减销售周期和销售成本，有效规避市场风险，寻求扩展业务所需的新市场和新渠道，并且通过提高、改进顾客满意度、盈利能力以及顾客的忠诚度来改善美容院经营的有效性。

建立顾客数据库的目的如下。

（1）可以区别实际顾客与潜在顾客。

（2）便于寄发广告信函。

（3）利用顾客资料卡可安排收款、付款的顺序与计划。

（4）了解每个顾客的销售状况，并了解其交易习惯。

（5）将美容院所有美容师信息也存入数据库中。

（6）通过顾客选择美容师可调取该美容师的排班信息。

另外还需要建立副档案，包括顾客各方面的详细情况，如性格特点、家庭和工作情况等。

二、顾客档案建立的原则

美容师在对顾客进行档案建立时要把握一定的原则，才能让建立的顾客档案有意义。

（一）动态管理

顾客档案建立后不能置之不理，否则就会失去其价值，通过调整或剔除已经变化的资料，及时补充新的资料，在档案上对顾客的变化进行追踪，使顾客管理具有动态性。

（二）突出重点

应从众多的顾客资料中找出重点顾客。这不仅包括实际顾客，而且包括潜在顾客。这样可以为选择潜在顾客、开拓新市场提供资料，为发展创造良机。

（三）灵活运用

顾客资料收集管理的目的是在销售过程中加以利用，所以，应以灵活的方式及时提供给美容师及相关人员，使"死资料"变成"活材料"，从而提高顾客管理效率。

（四）专人负责

由于许多顾客资料是不能外流的，只能供内部使用，所以进行顾客管理应确定具体的规定和办法，由专人负责管理，严格控制、管理顾客资料的利用和借阅。

三、如何建立顾客档案

（一）收集顾客档案资料

建立顾客档案就要专门收集顾客与公司联系的所有信息资料，以及顾客本身的内外部环境信息资料。这些信息资料主要有以下几个方面。

1. 有关顾客最基本的原始资料　包括顾客的姓名、地址、电话及他们的个人性格、兴趣、爱好、家庭、学历、年龄、能力、经历背景等，这些资料是顾客管理的起点和基础，需要美容师通过访问顾客来收集、整理归档。

2. 关于顾客特征方面的资料　主要包括所处地区的文化、习俗、发展潜力等。其中对外向型顾客，还要特别关注和收集顾客市场区域的政府政策动态及信息。

3. 关于顾客周边竞争对手的资料　如顾客对其他竞争者的关注程度与竞争者的关系等。对于产品的市场流向，要准确到每一个"订单"。

4. 关于交易现状的资料　主要包括顾客的销售活动现状、存在的问题、未来的发展潜力、财务状况、信用状况等。

（二）顾客档案的分类整理

顾客信息是不断变化的，顾客档案资料应不断地补充、增加，所以顾客档案的整理必须具有管理的动态性。根据营销的运作程序，可以把顾客档案资料进行分类、编号定位并活页装卷。

1. 顾客基础资料　如顾客背景资料，包括美容师对顾客的走访、调查的情况报告。

2. 顾客购买产品的信誉　包括财务记录及付款方式等情况。

3. 与顾客的交易状况　如顾客每次购买产品的登记表，具体产品的型号、颜色、款式等。

4. 顾客退赔、折价情况　如顾客历次退赔折价情况登记表、退赔折价原因、责任鉴定表等。

以上每一大类都必须填写完整的目录并编号，以备查询和资料定位；顾客档案每年清理，按类装订成固定卷保存。

四、顾客建档工作注意事项

（1）档案信息必须全面详细。顾客档案所反映的顾客信息，是美容院对顾客确定一对一的具体销售政策的重要依据。因此，档案的建立，除了顾客姓名、地址、电话等这些最基本的信息之外，还应包括顾客的兴趣爱好、皮肤状态、饮食习惯等更为深层次的信息。

（2）档案内容需真实。要求美容师的调查工作必须深入实际，那些为了应付而胡编乱造顾客档案的做法是最不可取的。

（3）对已建立的档案要进行动态管理。

【任务评价】

一定要把"对顾客负责、为顾客保密"放在档案管理工作的前面，这是建立顾客信任的前提条件，也是顾客填写档案真实性的基础。

Note

【相关知识】

顾客档案表

为美负责——FOR BEAUTY FOR YOU

对顾客负责、为顾客保密

会员卡号：

姓名		出生日期		婚姻状况	
家庭电话			移动电话		
最喜欢的项目					

面部皮肤检测情况：

□干燥　□肤色　□斑点　□暗疮　□黑头　□粉刺　□T区部位油

□下垂　□有光泽　□眼角纹　□眼袋　□松弛　□疤痕　□毛孔粗大

□敏感　□红血丝　□黑眼圈　□皮肤细腻　□皮肤弹性　□毛孔细小

健康状况：

过敏史：　　　　　　怀孕史：　　　　　　避孕方式：

慢性病史：　　　　　妇科病史：　　　　　肠胃功能：

月经情况：□正常　□不调　□量多　□量少

睡眠情况：□好　　□一般　□失眠　□多梦

吸烟习惯：□有　□无　饮酒习惯：□有　□无　茶和咖啡：□有　□无

饮食习惯：□清淡　□油腻　□辛　□辣　□酸　□蔬菜　□肉类　□海鲜
　　　　　□水果

服药情况：□避孕药　□激素药　□安眠药　□减肥药　□止痛药　□维生素
　　　　　□降压药

曾经或现在做过的护理：□中药系列　□植物系列　□基因系列　□生物系列

皮肤护理频次：□经常　□偶尔　□未曾

近期用过的护肤的品牌：

最近做过的养生项目：

血糖血脂情况：

其他：

护理登记卡

日　期	次数	项　　目	签名	美容师	备　注

购买产品记录表

日　期	购买产品	金额	付款情况	顾客签名

任务三　皮肤分析

【任务描述】

了解皮肤的分类和特征,各类型皮肤的保养要求,以及美容院常用的皮肤分析方法。

【任务导入】

美容师晓丽接待了一位顾客,顾客自述:"我现在已经35岁了,有时会长痘,因为工作压力大,睡眠少,皮肤开始出现细纹了,面部皮肤也不再白皙了。午睡起来,用面巾纸擦脸也没有油了,有时还有脱皮的情况出现,我是哪种肌肤呢?又该怎么保养呢?"请你和美容师晓丽一起分析顾客的皮肤类型,并给出保养的建议。

【任务目标】

(1)掌握皮肤的分类。

(2)掌握各类型皮肤的特点。

(3)掌握各类型皮肤的日常保养方法。

【任务实施】

一、皮肤分类

皮肤指身体表面包在肌肉外面的组织,是人体最大的器官。皮肤由表皮、真皮和皮下组织构成,并含有附属器汗腺、皮脂腺、指(趾)甲,以及血管、淋巴管、神经和肌肉等。

皮肤按其皮脂腺的分泌状况,一般可分为中性皮肤、干性皮肤、油性皮肤、混合性皮肤、敏感性皮肤。

二、各类型皮肤的表现特征、保养和护理

1. 中性皮肤(图2-3)

(1)表现特征:中性皮肤是比较理想的皮肤,中性皮肤角质层的水分和皮脂分泌量保持平衡状态,皮脂分泌量适中,皮肤既不干也不油,皮肤红润细腻、光滑、富有弹性,不易起皱,毛孔较小,对外界刺激不敏感。但受季节影响,夏天趋于油性,冬季趋于干性。中性皮肤在成年人中很少见,常见于青春发育期(14岁)前的儿童或青少年。

(2)保养重点:注意清洁、爽肤、润肤以及按摩的周护理。注意日间补水和调节水油平衡。

(3)护肤品选择:依年龄、季节选择,夏天选亲水性护肤品,冬天选滋润性护肤品,选择范围较广。

图2-3　中性皮肤

2. 干性皮肤(图2-4)

(1)表现特征:皮肤干燥,缺乏弹性,毛孔细小,面部皮肤较薄,易敏感。面部皮肤暗沉、没有光泽,易破裂、起皮屑、长斑,不易上妆。因为干性皮肤较松弛,容易产生皱纹和老化现象。干性皮肤又可分为缺油和缺水两种。

（2）保养重点：多做按摩护理，促进血液循环，注意使用有滋润、美白、活性效果的修护霜和营养霜。注意补充皮肤的水分与营养成分，调节水油平衡。

（3）护肤品选择：不要过于频繁地沐浴或过度使用洁面乳，注意周护理，使用保持营养的护理产品，选择非泡沫型、碱性较低的清洁产品和有保湿作用的化妆水。

3. 油性皮肤（图 2-5）

（1）表现特征：油脂分泌旺盛、T 区部位油光明显、毛孔粗大，常有黑头、皮质厚硬不光滑、皮纹较深。外观暗黄，肤色较深、皮肤偏碱性、弹性较佳，不容易起皱纹、衰老，对外界刺激不敏感。油性皮肤汗毛的毛孔较粗大，皮纹较明显，皮脂的分泌较旺盛，更容易产生痤疮和酒糟鼻，汗毛孔内可挤出油脂，一般常见于青春发育期的年轻人。

图 2-4　干性皮肤

（2）保养重点：随时保持皮肤洁净清爽，少吃糖和刺激性食物，少饮咖啡，多摄入维生素 B_2、维生素 B_6 以增加皮肤抵抗力，注意补水及皮肤的深层清洁，控制油分的过度分泌，调节皮肤的水油平衡。

（3）护肤品选择：使用油分较少、清爽、能抑制皮脂分泌且收敛作用较强的护肤品。白天用温水洁面，选用有补水作用的洁面乳，保持毛孔的畅通和皮肤清洁。痤疮处不能化妆，不能使用油性护肤品，化妆用具应经常地清洗或更换。要注意适度保湿。

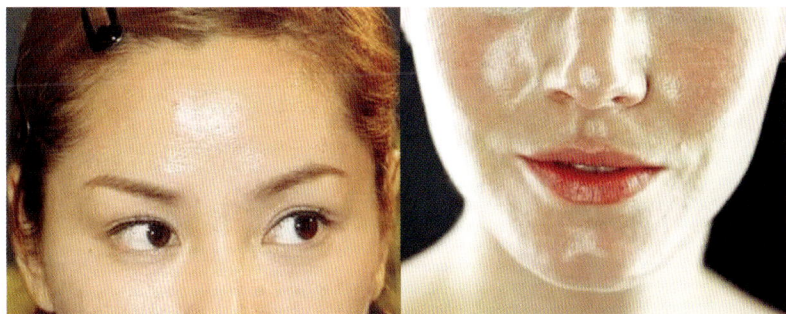

图 2-5　油性皮肤

4. 混合性皮肤（图 2-6）

（1）表现特征：皮肤呈现出两种或两种以上的外观（同时具有油性和干性皮肤的特征）。混合性皮肤多见面部 T 区部位易出油，其余部分则干燥，并时有痤疮发生，80％的女性都是混合性皮肤。混合性皮肤多见于 20～39 岁人群。

（2）保养重点：按偏油性、偏干性、偏中性皮肤分别处理，在使用护肤品时，先滋润较干的部位，再在其他部位用剩余量擦拭。注意适时补水、补充营养成分，调节皮肤的水油平衡。

（3）护肤品选择：夏天参考油性皮肤的选择，冬天参考干性皮肤的选择。

Note

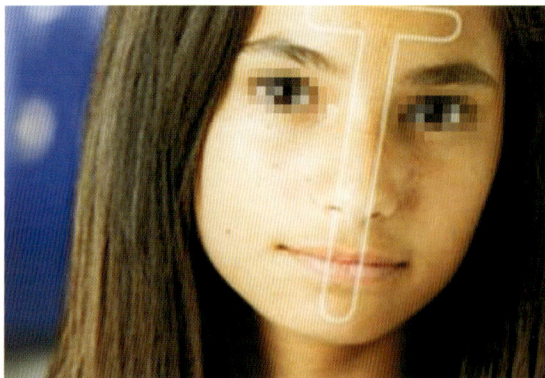

图 2-6　混合性皮肤

图 2-7　敏感性皮肤

5. 敏感性皮肤（图 2-7）

（1）表现特征：皮肤较敏感，皮脂膜薄，皮肤自身保护能力较弱，易出现红、肿、刺、痒、痛或脱皮、脱水现象。

（2）保养重点：要经常对皮肤进行保养，洁面时水不可过热或过冷，要使用性质温和的洁面乳。早晨可选用防晒霜，以避免日光伤害皮肤；晚上可用营养型柔肤水增加皮肤的水分。在饮食方面要注意避免食用易引起过敏的食物。皮肤出现过敏后，要立即停止使用化妆品，对皮肤进行观察和保养护理。

（3）护肤品选择：应先进行适应试验，在无过敏反应的情况下方可使用。切忌使用劣质护肤品或同时使用多种护肤品，并注意不要频繁更换护肤品。含香料过多或过酸过碱的护肤品不能用，应选择适用于敏感性皮肤的护肤品。

三、皮肤分析方法

1. 目测法　面部清洁后，用毛巾将水擦干，皮肤会逐渐出现紧绷感，不用任何护肤品，静静观察皮肤的状况，计算紧绷感消失的时间。同时观察其肤色、皮脂分泌、皮肤湿润度、毛孔状态、纹理、肤质、瑕疵、血液循环状况、敏感情况和特殊病变。

2. 吸油纸擦拭法　彻底清洁皮肤后，不用任何护肤品，2 h后用干净的吸油纸分别轻按颈部、面颊、鼻翼和下颌等处，观察吸油纸上油污的多少。此法只适合家庭自我检测，可作为参考。

3. 美容放大镜法　清洁面部，待皮肤紧张感消失以后，用放大镜仔细观察皮肤的纹理及毛孔状态，操作时注意用棉片盖住眼睛。

4. 美容透视灯观察法　美容透视灯又称为滤过紫外线灯，滤出的紫外线照射在不同类型的皮肤上呈现不同颜色，可帮助美容师了解顾客皮肤表面和深层的组织情况。方法是清洁面部，用湿棉片遮住顾客双眼，以防紫外线刺伤眼睛，待皮肤紧张感消失以后再进行检测。

5. 美容光纤显微镜检测仪观察法　该方法是应用微电脑皮肤显示器来观察。该仪器利用光纤显微镜技术，采用新式的冷光设计，清晰、高效的彩色或黑白电脑显示屏，使顾客观察自身皮肤或毛发状况。该仪器具有足够的放大倍数,一般为50～200倍,可直接观察皮肤基底层。

6. 触摸法　用手触摸顾客的皮肤,测试皮肤的柔润度、角质层的厚薄、皮肤的弹性、皮表温度等。

7. 虹膜观察法　这是一种新型的检测皮肤与身体亚健康情况的方法。专业检测分析系统利用专用虹膜检测仪将显微测试图输入电脑,然后进行分析,可以观察到顾客先天体质的强弱,推测身体在生化上的需求及目前的健康程度,以及药物、色素、毒素累积的情况。美容师可根据分析出的健康状况为顾客提供相应的护理方法。

【任务评价】

通过本任务的学习可掌握面部皮肤的类型;各类型皮肤的表现特征、保养重点以及护理建议;常见的皮肤分析方法,要求掌握皮肤类型的基础知识和具备为顾客分析皮肤类型的能力。

【相关知识】

四季气候不同,护肤品的选择也有所不同

(1)春季皮肤保养:春季气候多变,昼夜温差较大。气候干燥,容易引起皮肤干燥、脱屑,出现脂溢性皮炎等。因此,春天既要注意保持皮肤的清洁,又要避免过多地洁面、沐浴。干性、中性皮肤的人,要适当补充水分和油脂,可选用含高油脂的护肤品,如乳液、香脂、冷霜等;油性皮肤的人,要注意清洁面部,使毛孔畅通,可选用亲水性护肤品。

(2)夏季皮肤保养:夏季天气炎热,皮脂分泌旺盛,出汗较多,皮肤表面湿度较大,皮肤大都裸露在外,若不及时清洁污垢极易引起毛囊阻塞而发炎(如患痱子、脓疮等)。故夏季需增加洁面、沐浴次数,并选用乳液、蜜类营养霜,要及时补充水分,户外活动时要戴太阳帽、太阳镜,涂防晒霜,以减少日晒反应。

(3)秋季皮肤保养:秋季天气凉爽,皮脂分泌逐渐减少,处于干燥状态,因此,要注意补充水分和油分,用温水洁面,选用高油脂营养护肤霜。

(4)冬季皮肤保养:冬季气候寒冷、皮肤干燥,因此要注意保温,避免皮肤水分损失过多,防止皮肤皲裂、冻伤,洁面后可选用高油脂营养护肤霜进行皮肤按摩,促进皮肤血液循环和新陈代谢,提高皮肤的耐寒能力。

任务四　面部皮肤护理方案的制订

视频:项目二任务四　面部皮肤护理方案的制订

【任务描述】

面部皮肤护理方案是美容师实施护理操作的重要依据,能够对不同类型的皮肤及皮肤问题进行有针对性的护理,做到有的放矢。

【案例一】

顾客1:肉眼难以看见毛孔,皮肤呈现哑光状态,有小细纹,在秋冬季节常出现脱皮情况,顾客希望使皮肤变得滋润些(图2-8)。

Note

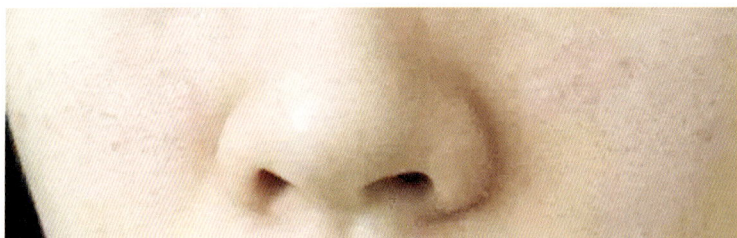

图 2-8　顾客 1

分析：

(1) 顾客的需求：使皮肤变得滋润。

(2) 皮肤类型：干性肌肤。

(3) 护理目的：改善皮肤干燥，补充皮肤水分和营养。

【案例二】

顾客 2：毛孔细腻，皮肤光滑，皮肤冬季偏干，夏季偏油，肤色较黑，顾客喜欢白皙一些的肤色(图 2-9)。

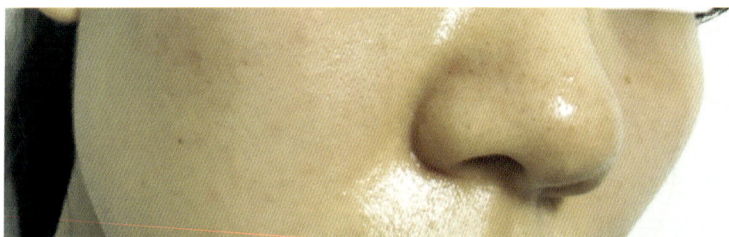

图 2-9　顾客 2

分析：

(1) 顾客的需求：美白皮肤。

(2) 皮肤类型：中性皮肤。

(3) 护理目的：美白肤色。

【任务目标】

(1) 学会正确分析皮肤的类型。

(2) 根据顾客的皮肤分析结果，制订护理方案。

【任务实施】

1. 制订护理方案的依据

(1) 分析皮肤类型：分析、判断皮肤类型和状况特征。

①通常在美容院采用目测法、美容放大镜法等进行皮肤分析。

②通过分析皮肤的油脂和水分辨别皮肤的类型。

③观察皮肤的其他状况，如敏感程度、肤色、弹性、瑕疵等，寻找需要进行护理和改善的方法。

(2) 确定护理目的：面部护理的任何方法和手段都是围绕护理目的展开的，确定护理目的需要根据以下几点来进行。

①顾客的需求。

②顾客皮肤的类型。

③需要改善的皮肤状况。

2. 护理方案的内容 护理方案包括美容院护理计划和家居护理方案。

（1）美容院护理计划：

①护理产品设计。

②护理仪器选择。

③护理手法选择。

④护理程序选择。

⑤护理疗程设计。

皮肤护理分析及设计见图 2-10。

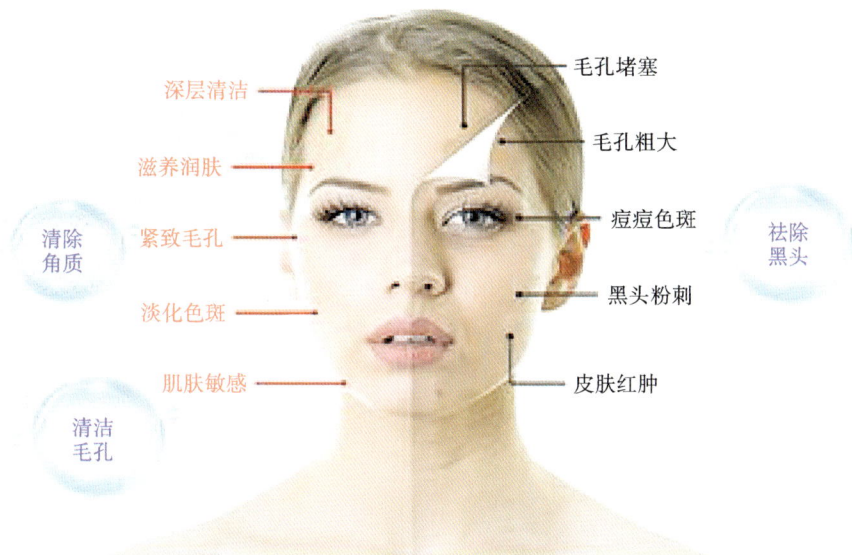

图 2-10 皮肤护理分析及设计

（2）家居护理方案：

①护肤品的选择：

a. 根据顾客皮肤类型和美容院护理计划，为顾客选择合适的家居护肤品。

b. 与顾客沟通家居护理疗程，并告知家居护肤品的使用方法。

②注意事项：

a. 明确自己皮肤类型，选择合适的护肤品。

b. 按照正确的护肤程序使用护肤品。

c. 掌握护肤品的正确用法和用量。

d. 坚持做好早、中、晚常规护肤。

e. 特殊护肤品按照疗程使用。

③起居生活配合：

a. 保证充足的睡眠，生活有规律。

b. 保持良好心态，疏导压力。

c.膳食营养均衡,适当运动。

3. 护理方案的要求

(1) 分析皮肤类型,明确顾客需求,根据顾客需求制订护理方案。

(2) 在有多个护理目的时应该选择顾客最需要解决的问题作为当下护理的目的。

(3) 与顾客有效沟通美容院护理计划,配合家居护理。

【相关知识】

美容院沙龙活动流程方案

1. 明确活动目的

在举办一次沙龙活动之前,首先必须明确活动的目的,期望通过此次活动达到什么效果。总的来说,美容院沙龙活动主要有以下几种类型。

(1) 新店开张。

(2) 开发新客源。

(3) 推广新产品、新项目。

(4) 培养老顾客的忠诚度。

(5) 挖掘老顾客的消费潜力。

(6) 扩大美容院的知名度和影响力。

(7) 消化库存。

2. 确定活动的主题

活动主题由美容院和合作单位共同确定,主要根据活动的目的来确定宣传的主题。活动主题要清晰,并且能够吸引顾客的注意力。

3. 和讲师沟通

活动的目的以及主题确定好之后,接下来的就是和活动的讲师沟通,确认活动的地址、课程内容及流程、优惠方案以及需提前准备的物品及主推产品等。在这一阶段,和讲师的沟通要及时,发现问题要及时提出来。

4. 优惠方案的设计

明确活动的主要目的、美容院的项目、顾客的消费能力和习惯以及库存以后,接下来的就是制订有足够诱惑力并能有助现场销售的优惠方案。总的原则是能够促进美容院的产品销售,强化顾客对美容院的印象。

优惠方案可以分为三大部分:卡类、身体类产品以及面部产品。

如果是以吸引新客源为主的活动,可以采取买产品送服务的优惠方案;如果是推广新项目,则可以采取买产品赠产品或买产品送项目的方式(所赠产品和所购产品相关联且有吸引力)。

优惠方案确定以后,要把方案打印出来人手一份,并做成宣传海报醒目地张贴出来。在设计上要从视觉、听觉、触觉三方面出发,吸引顾客的注意力。

5. 活动时间的确定

若是晚上的活动应18:00进场,19:00开始咨询及销售,22:30结束,可以提醒顾客不需要吃完晚饭再来,现场备有食品。

若是下午会议(宜选择周六、周日下午)则建议12:00进场,13:30开始咨询及销售,17:30结束,记住提醒美容师在通知顾客的时候要告知进场的具体时间。

6. 场地的选择

场地最好是在当地酒店,会议室的大小要和顾客人数相符,有舞台、射灯的会议室最为理想。为保证现场的气氛,音响效果一定要好,要有无线麦克风、白板,拉上窗帘后室内灯光应足够明亮。

7. 准备现场用的相关物品

现场用的相关物品包括横幅、优惠方案、剪刀、抽奖箱、收据、便签、笔、示范产品、展示产品、计算器、白板笔、签到本、奖品、礼品等。

8. 制订美容师的奖励方案

美容师是现场咨询以及销售活动的主要执行者,这就对美容师自身的要求很高。美容师不但需要为顾客提供专业的服务,具有专业的美容知识,同时还是顾客的知心朋友。美容师的手法、专业知识水平、个人的性格、情感留客的功力都会成为沙龙活动中能否成功联络顾客的关键。因此,在沙龙活动举行之前,美容院要制订美容师的奖励方案,激励美容师去为美容院创造业绩。奖励方案的具体制订可以让美容师参与进来,最大限度地征求美容师的意见。

9. 检查、落实以上工作,及时发现问题并解决问题。

10. 对美容师进行会前激励和培训,将分工落实到每个人身上。

11. 为每位美容师制定工作目标。

【任务评价】

(1) 护理计划的基本内容:包括护理目的、产品的选择、护理技术、仪器设备、家居护理措施、疗程确定、护理价格等。

(2) 与顾客沟通护理计划:阐述该计划的目的、过程、可能的结果及收费标准,取得顾客的认可后才能实施护理。

(3) 顾客护理方案的制订:包括美容院护理计划和家居护理方案。

同 步 测 试

一、单选题

1. 面部清洁后,用毛巾将水擦干,皮肤会逐渐出现紧绷感,不用任何护肤品,静静观察皮肤的状况,计算紧绷感消失的时间。这是皮肤分析中常用的(　　)。

A. 目测法　　　　　　　　　　B. 吸油纸擦拭法

C. 美容放大镜法　　　　　　　D. 美容透视灯观察法

2. 下列选项中关于干性皮肤的特征表述不正确的是(　　)。

A. 不易松弛　　　B. 皮肤比较干燥　　　C. 缺乏弹性　　　　D. 皮脂分泌量少

3. 下列选项中关于混合性皮肤表述不正确的是(　　)。

A. 在使用护肤品时,先滋润较干的部位,再在其他部位用剩余量擦拭

B. 适时补水、补充营养成分、调节肌肤的平衡

C. T 区部位易出油,其余部分则干燥

D. 20% 的女性都是混合性皮肤

4. 面部皮肤护理方案应包含分析检测结果、护理疗程和(　　)等方面的内容。

A. 护理重点　　　B. 护理原理　　　C. 护理产品的功能　　D. 皮肤问题的成因

扫码看答案

Note

5. 制订面部皮肤护理方案时,应根据顾客的(　　)进行个性化设计。

A. 皮肤特点　　　　B. 个人喜好　　　　C. 消费习惯　　　　D. 时间安排

二、多选题

1. 顾客档案建立的原则是(　　)。

A. 动态管理　　B. 突出重点　　C. 灵活运用　　D. 专人负责　　E. 末位淘汰

2. 确定护理目的是(　　)。

A. 顾客的需求　　　　　　　　　　　　　B. 皮肤的类型

C. 需要改善的皮肤状况　　　　　　　　　D. 盈利

E. 提高知名度

3. 护理方案包括(　　)。

A. 美容院护理计划　　　　　B. 家居护理方案　　　　　C. 顾客经济状况

D. 顾客职业需求　　　　　　E. 提高知名度

4. 美容院护理计划包括(　　)。

A. 护理产品设计　　　　　　B. 护理仪器选择　　　　　C. 护理手法选择

D. 护理程序选择　　　　　　E. 护理疗程设计

5. 皮肤按其皮脂腺的分泌状况,一般可分为(　　)。

A. 中性皮肤　　B. 干性皮肤　　C. 油性皮肤　　D. 混合性皮肤　　E. 敏感性皮肤

三、简答题

1. 常见的皮肤分析方法有哪些?

2. 皮肤的类型有哪几种?

3. 各类型皮肤的表现特征和保养重点,以及护理建议是什么?

四、应用题

设计一份顾客面部皮肤分析表。

包括:

(1) 个人信息(顾客姓名、性别、详细地址、联系方式等)。

(2) 顾客既往病史(主要包括以前动过的重要手术、可能影响护理的身体状况、曾患有的严重疾病、目前的服药情形、过敏史等)。

(3) 面部皮肤情况(主要包括皮肤的皮脂分泌量、水分、肤色、弹性、敏感度、瑕疵、暗疮、色斑等)。

(4) 皮肤类型诊断。

(5) 护理目的。

(6) 护理计划。

思政金句

横眉冷对千夫指,俯首甘为孺子牛。　　　　　　　　　　　　　——鲁迅

为人民服务,担当起该担当的责任。始终把人民群众生命安全和身体健康放在第一位。　　　　　　　　　　　　　　　　　　　　　　——习近平

我们的目标就是让全体中国人都过上更好的日子。始终把人民放在心中最高位置。　　　　　　　　　　　　　　　　　　　　　　　　——习近平

时代是出卷人,我们是答卷人,人民是阅卷人。　　　　　　　　——习近平

预防性面部皮肤护理

【项目描述】

面部皮肤护理是现代女性追求美丽与健康的首要工作。不管是污染的空气,还是面部化妆,都会增加皮肤负担,如不做好面部皮肤护理,面部皮肤问题便会接踵而来。本项目主要介绍面部基础护理、面部刮痧和面部芳香疗法。通过本项目的学习,使学生了解如何养护面部,掌握面部基础护理的操作程序,具备为顾客设计个性化面部护理方案的能力。

【项目目标】

（1）知识目标:了解和熟悉面部刮痧与面部芳香疗法的基础知识。

（2）能力目标:掌握面部基础护理的操作程序,具备为顾客设计个性化面部护理方案的能力。

（3）素质目标:具备严谨认真、精益求精、追求完美的工匠精神。

任务一 面部基础护理的操作程序

【任务描述】

掌握面部基础护理的操作程序,具备为顾客设计个性化面部护理方案的能力。

【案例导入】

王小姐,32岁,白领,165 cm,58 kg。喜欢化妆,额头可见少许痤疮,两侧颧骨处皮肤有少许细小斑点;生活和工作压力大,身体疲惫,面部气色欠佳。想做面部护理,放松身心,缓解压力。

问题:

（1）作为美容师,你认为应该给这位顾客做什么护理项目?有哪些注意事项?

（2）请你给顾客介绍面部家居保养的方法。

【任务目标】

（1）熟悉面部基础护理操作程序中的理论要求。

（2）掌握面部基础护理操作程序中的每个环节操作程序。

【任务实施】

面部皮肤护理的每个程序都有其不同的目的、作用及效果,操作程序应该根据不同的护理目的而设定,各程序之间相辅相成,但又不是一成不变的,应进行优化整合。完整的面部基础护理的操作程序包括准备工作、清洁皮肤、面部按摩、敷面膜和后续工作。有序的工作是完美服务的基本保证,美容师应严格按照护理程序实施操作。

一、准备工作

1. 美容师准备　化淡妆、着工作服、穿工作鞋、戴口罩、去首饰、修剪指甲、洗手、消毒双手。

2. 用物准备

（1）床位准备:①铺床单:将两条床单重合平铺在美容床上并覆盖枕头;再铺上被子,被子近床头端与枕头近床尾端平齐,将上层床单多余部分向上反折,再将上层床单和被子一角向上反折(45°)。②铺毛巾:将毛巾平铺于枕头上。第一条毛巾上边缘齐枕头上边缘;第二条毛巾下边缘齐枕头下边缘,用于包头;第三条毛巾横折两次,放于枕头右边,作肩巾待用;第四条毛巾挂在护理车上,护理时擦拭美容师手上的水渍(图3-1)。

视频:三条毛巾的用法

（2）护理产品准备:美容师将顾问开具的护理方案交给配料员准备护理产品。护理产品主要包括卸妆液、棉签、棉片、洁面乳、爽肤水、按摩膏、面盆、面巾纸、乳液、精华液、眼霜、面霜和防晒霜等。将护理产品放于护理车上,摆放整齐(图3-2)。

图 3-1　床位准备　　　图 3-2　护理产品准备

（3）护理设备准备:检查美容仪器、设备的电路是否通畅,运转是否正常。

3. 环境准备　保持护理间空气清新,点香熏灯,灯光明暗度适宜;播放舒缓音乐;室温一般控制在24~26 ℃。

4. 顾客准备　协助顾客换拖鞋,告知顾客将饰物(如戒指、项链、手镯等)取下放进衣柜锁好。必要时协助顾客沐浴,更换美容服,让顾客取仰卧位躺在美容床上,包头,铺肩巾。

（1）包头:①顾客平躺,将毛巾的长边向下折叠2 cm左右,折边在下与后发际平齐。②左手拿住折边左角,沿顾客发际从耳后往上右方拉紧至额部压住头发,右手配合将头发收拢至毛巾下包住。用同样方法拉起毛巾右角往上左方压住发际头发,然后将毛巾右角塞进折边内固定好。③将顾客耳朵抚平,双手四指扣住毛巾边缘,轻轻将包好的毛巾向后拉至发际。④检查毛巾松紧是否适宜。

（2）铺肩巾:①"V"字法:双手分别捏住毛巾长边的两个角,沿颈部左侧平铺,将胸前远侧角向上反折,铺于颈部右侧。注意盖住顾客衣领,保护顾客衣领不被污染(图3-3(a))。②"一"字法:毛巾平铺在顾客胸前,近侧边缘向内折约2 cm(图3-3(b))。

二、清洁皮肤

清洁皮肤主要是为了清除皮肤表面的污垢,如灰尘、细菌、残留化妆品、汗液、油脂、

(a) "V" 字法   (b) "一" 字法

图 3-3 铺肩巾

老化角质等,保持汗腺和皮脂腺分泌通畅,促进新陈代谢和营养物质的吸收,是顾客在接受皮肤分析前必须完成的步骤。皮肤清洁是护肤品吸收、取得良好护理效果的前提,具体包括卸妆、表层清洁、蒸面和深层清洁。

1. 卸妆 彩妆中的粉底、色素多为油性,附着于皮肤表面,不易脱落,难以清洗,只有使用专业卸妆产品才能清除。

卸妆产品有卸妆油、卸妆水、卸妆乳等(图 3-4(a)、图 3-4(b)、图 3-4(c))。卸妆用物包括面巾纸、小棉片、棉签等。

视频:卸妆手法

(a) 卸妆油   (b) 卸妆水   (c) 卸妆乳

图 3-4 卸妆产品

(1) 卸妆操作程序:依次卸除睫毛膏、眼线、眼影、眉色、唇色(口红)、腮红和粉底。

①卸睫毛膏:取一块小棉片,滴上卸妆产品,嘱顾客闭眼,将小棉片置于顾客睫毛下。用棉签蘸取卸妆产品,从睫毛中间向两边卸除睫毛膏,一手轻提上眼睑,另一手用棉签从睫毛根部以向内打圈的方式卸除睫毛膏,直至卸除干净(图 3-5(a))。

②卸眼线:更换棉签蘸取卸妆产品,从内眼角向外眼角拉抹,卸除眼线(图 3-5(b))。

③卸眼影:将眼睑下的小棉片上翻覆盖上眼睑,由内眼角擦至外眼角,卸除眼影(图 3-5(c))。

④卸眉色:取棉片滴上卸妆产品,由眉头往眉尾拉抹,卸除眉色(图 3-5(d))。

⑤卸唇色:左手轻轻固定左侧嘴角,右手用清洁棉片(滴上卸妆产品),从固定侧擦拭至嘴角另一侧,分别卸除上、下唇部妆容,再更换右手固定右侧嘴角,重复上述动作(图 3-6)。

Note

(a) 卸睫毛膏 　　　　　　　　　　　　(b) 卸眼线

(c) 卸眼影 　　　　　　　　　　　　(d) 卸眉色

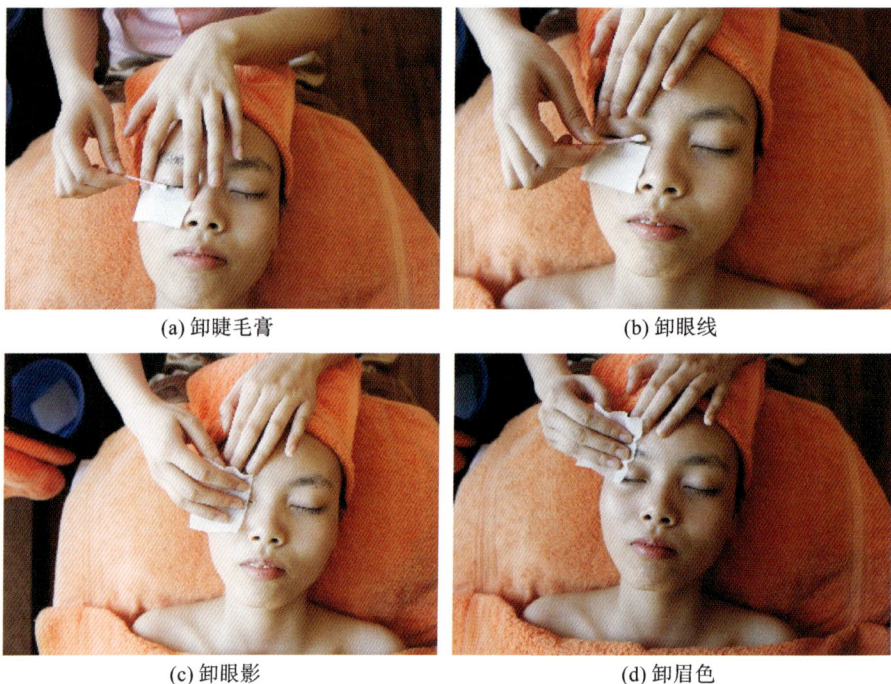

图 3-5　卸妆部分操作程序

　　⑥卸腮红和粉底:取卸妆产品依次置于"面部 5 点":下巴、鼻尖、额头、两侧面颊(图3-7)。用美容指将产品抹开,顺皮肤纹理打圈,涂抹全脸,待卸妆产品充分溶解腮红、粉底后,用面巾纸擦拭。

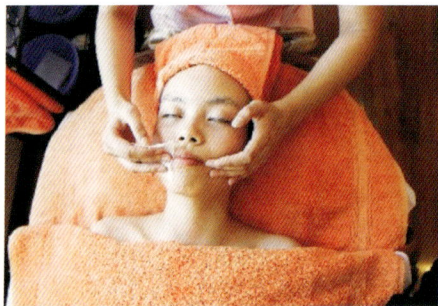

图 3-6　卸唇色 　　　　　　　　　　图 3-7　卸腮红和粉底

視频:面巾纸的用法

　　面巾纸主要用于清洁面部,用时需缠绕在手指上。缠绕时要求整齐、牢固、迅速。面巾纸大小约 15 cm×8 cm。①折叠方法:横折一次,将重合短边向内折约 1 cm(图3-8(a));掌心向下,用食指和中指夹住纸巾一侧,折面朝向自己(图3-8(b));将面巾纸另一端向下绕过食指、中指、无名指,夹在小指和无名指之间(图3-8(c))。②使用方法:按照"面部 12 条线"进行擦拭:上眼睑至太阳;下眼睑至太阳(图3-9(a));鼻子三条线(图3-9(b));额头三条线(图3-9(c));鼻翼至耳上(图3-9(d));人中、嘴角、下巴和下颌至耳部(图3-9(e))。

　　(2)卸妆要求与注意事项:

　　①卸妆要彻底。

Note

(a) 短边内折

(b) 将面巾纸缠绕于手指

(c) 缠绕好的面巾纸

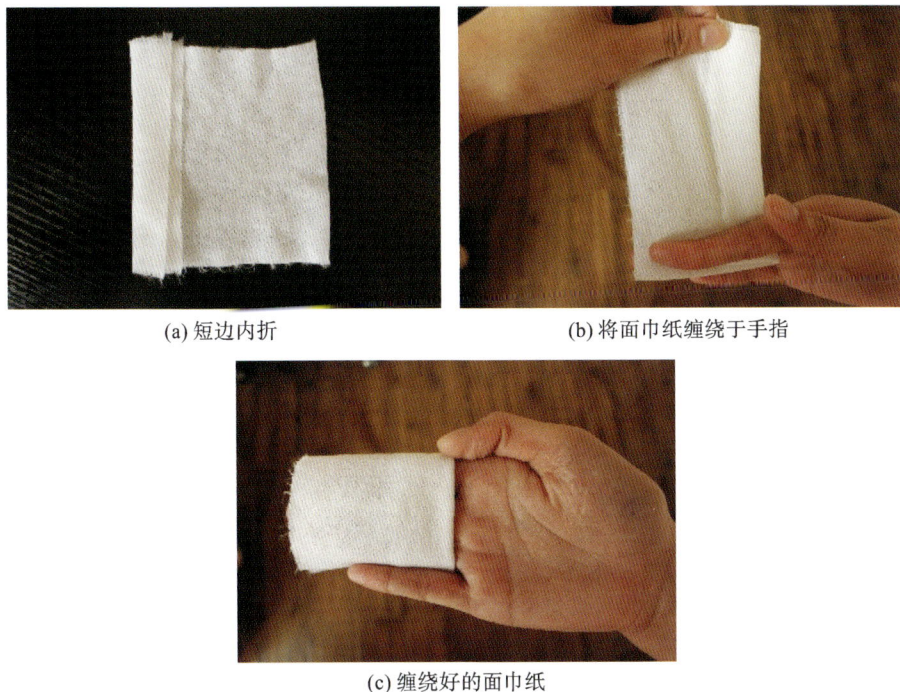

图 3-8 面巾纸折叠方法

②眼部皮肤比较敏感,操作时手法要轻柔。

③卸妆时注意不要让产品流入顾客的口、眼、鼻中。

2. 表层清洁 卸妆主要清除面部的彩妆及污垢。卸妆后,面部有少许彩妆和卸妆产品残留,还有细菌、灰尘附着在面部表层的皮脂膜,也需彻底清洗去掉,因此需用洁面产品清洗面部皮肤,即表层清洁。常用的表层清洁产品有洁面皂(图 3-10(a))、洁面乳(图 3-10(b))、洁面啫喱、泡沫洁面乳等。表层清洁用物有面巾纸、面盆、水。

(1)表层清洁的操作程序:

①上洁面乳:一手取适量洁面乳置于掌心,另一手掌蘸取少量清水,两手相互揉搓,起泡后均匀涂抹至面部。

②面部清洁:用美容指以打圈方式依次清洁下巴、口周、鼻子、额头、眼周(图 3-11)、脸颊及耳部。清洁时间为 1～2 min。

③用面巾纸擦拭干净。

(2)洁肤水类产品的选择:

①水质的选择:自然界的水有软水和硬水两大类。清洁皮肤时选择软水最佳。软水是不含或仅含少量可溶性钙盐、镁盐的水,性质温和,对皮肤无刺激,如自来水、蒸馏水等。硬水是指钙盐、镁盐含量较多的水,长期使用硬水清洁面部,会使皮肤脱脂、干燥。

②水温的选择:皮肤护理最适宜的水温为 34～38 ℃,对皮肤有镇静作用,有利于皮肤休息和解乏,也便于洗净油污,对皮肤无伤害。水温过冷(低于 20 ℃)对皮肤有收敛作用,可锻炼皮肤,使人精神振奋,但用过冷的水洁肤,不易清除皮肤上的油污,油性、痤疮性皮肤不适用。水温过高(高于 38 ℃)对皮肤有镇痛和扩张毛细血管作用,但经常使用会使皮肤脱脂、血管壁活力减弱,导致皮肤淤血、毛孔扩张,皮肤容易变得松弛无力,

视频:面部清洁

Note

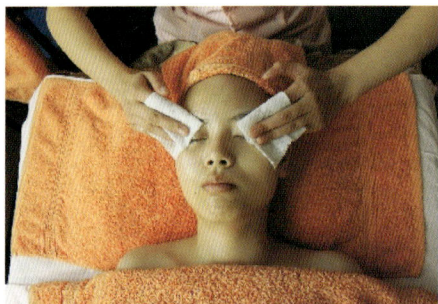
(a) 眼睑至太阳

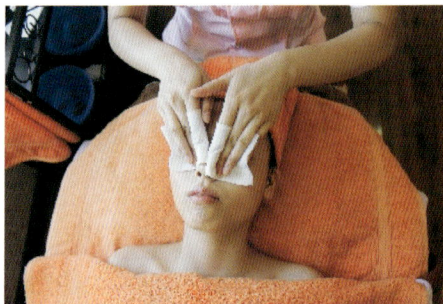
(b) 鼻子三条线

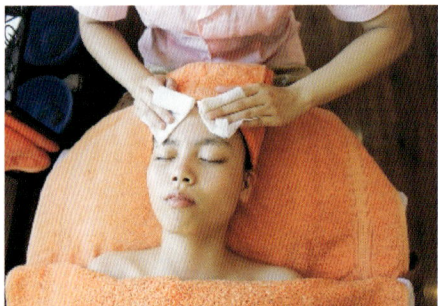
(c) 额头三条线

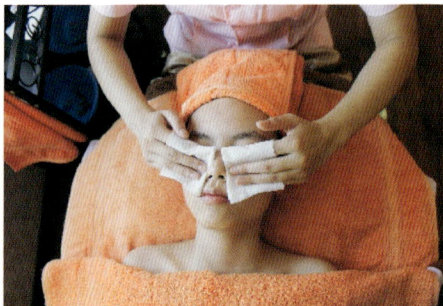
(d) 鼻翼至耳上

(e) 人中、嘴角、下巴和下颌至耳部

图 3-9　面巾纸使用方法

(a) 洁面皂

(b) 洁面乳

图 3-10　表层清洁产品

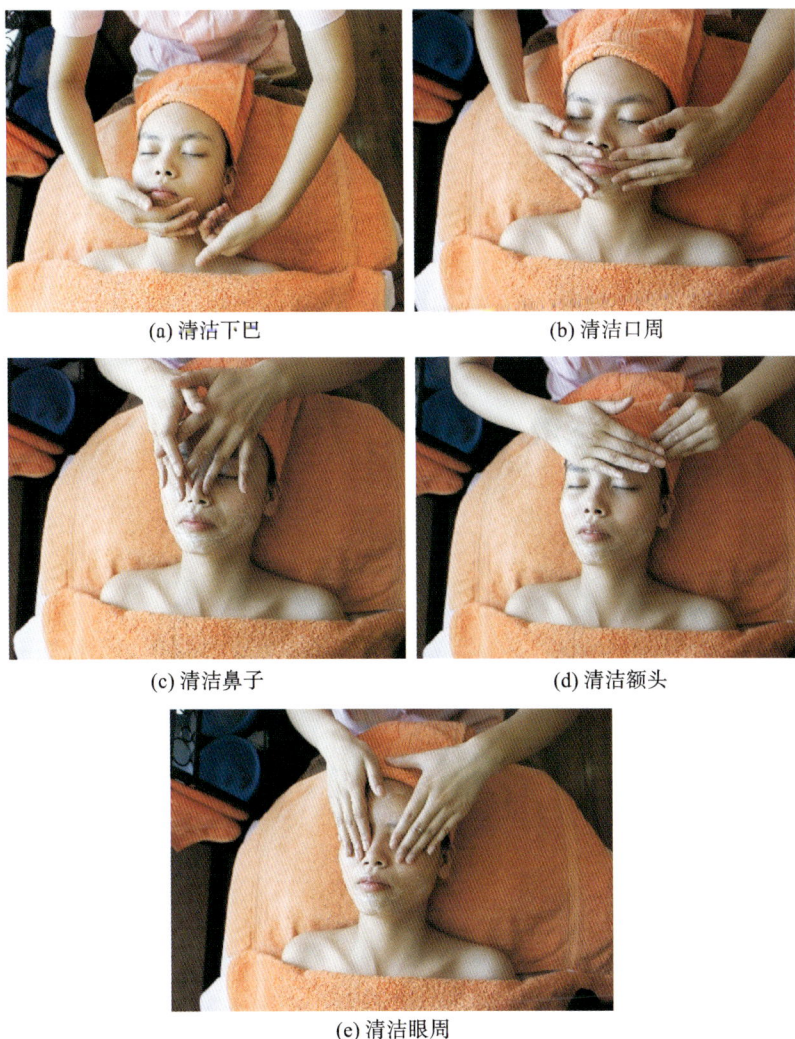

(a) 清洁下巴　　　　　　　　　　　(b) 清洁口周

(c) 清洁鼻子　　　　　　　　　　　(d) 清洁额头

(e) 清洁眼周

图 3-11　面部清洁操作程序

出现皱纹。对于正常皮肤,可冷热水交替使用,水温的冷热变化可以使皮肤浅表血管扩张和收缩,增强皮肤的呼吸能力,促进血液循环。

③清洁产品的选择:根据顾客皮肤状况,选择合适的清洁产品。干性、中性皮肤应选择乳液状的洁面乳,其性质温和,清洁效果良好,清洁皮肤的同时,在皮肤上留下滋润保护膜,对皮肤刺激性小。油性、混合性皮肤应选择泡沫型洁面乳、洁面啫喱,其表面活性剂能够产生丰富的泡沫清洁皮肤,清洁力度较好,含有润肤剂,使用后皮肤清爽而不紧绷。

(3) 注意事项:

①洁肤时力度柔和,注意清洁面部死角部位,如鼻翼旁。

②擦拭时面巾纸不宜过干或过湿。

③护理时沿皮肤纹理走向,不可上下来回反复。

④清洁皮肤时间不宜过长,一般不超过 3 min,以免刺激皮肤。

3. 蒸面　蒸面不仅可以起到冷、热效应,也可达到辅助清洁皮肤的效果。一般情况下,蒸面分为热喷和冷喷。

Note

图 3-12 喷雾仪

（1）热喷：常选择奥桑喷雾仪（图 3-12）。

（2）冷喷：常用仪器有冷喷仪，适用于任何皮肤，尤其是黑斑、敏感性皮肤。其作用如下。

①收敛毛孔。

②抑制黑色素细胞，淡化色斑。

③使皮肤血管收缩，降低皮肤表面温度，能消除炎症、红肿，使组织充血症状减轻。

④降低皮肤的敏感性，起抗过敏作用。

冷喷的操作方法如下。

①水箱注满蒸馏水，接通电源。

②打开冷喷仪电源开关，即有水雾产生，调节雾量大小。

③将喷雾对准顾客面部，操作时间一般为 15 min 左右。

使用仪器注意事项如下。

①定期清洗水箱并消毒。

②控制好注水量，保证不漏水、不溢出。

③避免碰撞机体，远离高热源。

④水箱无水时，仪器保护系统会使仪器自动关闭或无法启动。

4. 深层清洁 深层清洁也称脱屑、去角质或去死皮，即去除皮肤角质层内衰老死亡的细胞，是常见的皮肤护理方法之一。随着皮肤的不断自我更新，最外层的死细胞会不断脱落，由新生细胞来补充。在某些因素影响下，皮肤的新陈代谢功能减退，死细胞的脱落过程放缓，在皮肤表层堆积过厚，皮肤会显得粗糙、发黄、无光泽，甚至出现痤疮，影响皮肤正常生理功能。脱屑就是借助人工去死皮的方法，去除堆积在皮肤表面的死细胞，以使皮肤更好地吸收各种营养。

（1）脱屑的分类：

①自然脱屑：由皮肤自身正常的新陈代谢过程来完成。表皮细胞经过一定时间（28天左右）由基底层逐渐生长到达皮肤表面，变为角化死细胞而自行脱落。

②物理性脱屑：不通过任何化学手段，只使用物理的方法使表皮的角质层发生位移、脱落的方法。常用的物理性脱屑产品有磨砂膏（图 3-13（a））、撕拉型深层清洁面膜。这种脱屑方法对皮肤刺激较大，适用于健康皮肤。

③化学性脱屑：将含有化学成分的去死皮膏、去死皮水、去死皮啫喱、去角质膏（图3-13（b））或者果酸涂于皮肤表面，使附着于皮肤表层的角质细胞变软（可擦拭去掉）的方法。此脱屑方法适用于干性皮肤、衰老性皮肤和敏感皮肤。

（2）脱屑的操作方法：

①物理性脱屑的操作方法：

a.表层清洁。蒸面结束后，取适量磨砂膏分别点涂"面部5点"，然后均匀抹开。

b.用双手美容指蘸水，以指腹打圈，类似洁面打圈方法。干性皮肤、衰老性皮肤脱屑时间短；油性皮肤、T区脱屑时间稍长；眼周皮肤不做脱屑。整个过程以不超过 3 min 为宜。

c.将磨砂膏清洗干净。

②化学性脱屑的原理与操作方法：去死皮膏、去死皮液、脱屑水的主要成分是聚合

(a) 磨砂膏　　　　　　　　　(b) 去角质膏

图 3-13　脱屑常用产品

乙烯、有机酸，还含有润肤剂和胶合剂。其中，有机酸可溶解和剥离角质。去死皮膏性质温和，对皮肤刺激小。有的去死皮膏用酵素作为角质溶解剂，性质更加温和，适合敏感性皮肤使用。操作方法如下。

a. 取适量去死皮膏，"5 点"法均匀涂于面部，然后抹开。

b. 停留片刻（时间长短参照产品说明，约半分钟）。

c. 将面巾纸垫于面部皮肤四周。

d. 一手美容指微微撑开局部皮肤，另一手美容指以打圈方式轻轻地揉搓，方向由下往上，从中间向两边。最后用湿面巾纸将去角质膏和角质细胞擦拭干净。

（3）脱屑的注意事项与禁忌：

①脱屑前，一般先蒸面，可使毛孔张开，有利于清除毛孔深层污垢。

②脱屑一般以 T 区部位为主，两颊视情况而定，眼周禁止脱屑。

③根据顾客的皮肤性质选用脱屑的方法与产品。

④皮肤发炎、外伤、严重痤疮、特殊脉管状态等问题皮肤均不适合脱屑。

⑤脱屑的间隔时间根据季节、气候、皮肤状态而定，不可过勤，以免损伤皮肤。一般 1～2 次/月。

⑥手法不宜过重，脱屑后的皮肤需要彻底清洁干净。

三、面部按摩

按摩是皮肤保养中最重要的一个环节。按摩不应简单地揉搓，而应在掌握一定技巧的基础上，顺应皮肤纹理走向操作。在中医理论中，面部皮肤与各脏腑相呼应，同时也与全身经脉相连，可以体现脏腑的功能状态。面部按摩能使面部气血充盈，肤色红润，同时结合面部穴位的点压（点按），给人以舒适感，在改善微循环的同时，可辅助治疗头面部病痛。

1. 面部按摩的定义及作用　　面部按摩，是在整个面部涂上按摩介质，用轻柔的手法在面部进行揉、捏、弹、拍、压等，不仅能使人面部的肌肉、神经得以放松，而且能消除疲劳，还能使面部轮廓更加清晰，皮肤更加光润。面部按摩的主要作用如下。

（1）增加血液循环，促进新陈代谢：面部按摩手法加速了面部血液的流动，促进血液循环，从而增加面部皮肤的养分供应，加快了代谢废物的排出，进而促进皮肤的新陈代谢，使皮肤焕发光彩，延缓衰老。

Note

(2) 提高皮肤温度,增加皮肤的保湿能力:通过面部按摩,可以提高皮肤温度,皮肤温度升高,皮脂膜和汗腺的分泌会增加,毛孔亦会张开,蓄积于毛囊的污垢更易排出,分泌的皮脂可以滋润皮肤,有利于保持皮肤的水分,使皮肤更加柔润。

(3) 放松肌肉和神经,消除疲劳:面部按摩可以有效地减轻肌肉紧张,安抚神经,消除疲劳,使人放松,恢复皮肤活力。

(4) 去除死皮,清洁皮肤:面部按摩是美容师用双手在面部进行揉、捏、弹、拍、压等操作,皮肤最外层的角质细胞在外力作用下松动剥离,提高了皮肤的清洁度。

图 3-14　按摩膏

2. 面部按摩介质　面部按摩需要使用按摩介质,其主要作用是润滑皮肤,减少按摩过程中的摩擦阻力。按摩介质中可添加不同物质,如面部所需的各种营养成分,具有美白、保湿、活肤、抗衰老、抗敏感等有效作用因子。按摩介质根据性状可分为按摩膏(图 3-14)、按摩油、按摩啫喱,每种性状的按摩介质应根据添加的营养因子用于不同类型的皮肤。

3. 面部按摩的基本原则　根据面部皮肤的特点,在面部按摩过程中尽量减少面部皮肤位移,要做到力达深层,而表皮基本不动。

(1) 按摩走向从下向上:随着年龄增长,生理功能减退,皮肤会出现松弛现象。由于重力作用,松弛的肌肉会下垂而显现出衰老状态。因此,按摩方向应由下向上。

(2) 按摩走向从里向外,从中间向两边:在进行面部抗衰老性按摩时,应尽量将面部的皱纹展开,并推向面部两侧。

(3) 按摩方向与肌肉走向一致,与皮肤皱纹方向垂直:因为肌肉的走向一般与皱纹的方向是垂直的,因此,按摩时走向与皱纹方向垂直,就能保证与肌肉走向基本一致。

(4) 按摩时尽量减少肌肉位移:当肌肉发生较大位移时,肌肉运动方向的另一侧肌纤维紧绷,过度牵拉、持续的张力会使皮肤松弛,加速其衰老。因此,在进行按摩时,要尽量减少肌肉位移。

4. 面部按摩的基本手法

(1) 按压手法:用手指或手掌按压面部皮肤肌肉。手指按压多在按摩中用以刺激腧穴,行气活血,消除疲劳。操作时注意按压力度逐渐加深,到达一定刺激深度时,停顿3 s左右,再慢慢减压,等力度完全放松之后移动到下一位置。

(2) 深压摩擦手法:利用手指或手掌在皮肤组织上施加压力并摩擦的动作。如用拇指划拉额头,可以促进血液循环和腺体分泌。操作时注意手指指腹或手掌紧贴面部,施压划拉,用力均匀,动作有韵律。

(3) 揉捏手法:用手指揉动或提捏某一部位的皮肤、肌肉,包括揉、捏、挤等动作。如夹划眉筋,用食指与中指夹住眉筋,并慢慢划拉,可放松肌肉,消除疲劳。操作时注意力度轻、稳,指腹紧贴皮肤,用力均匀,动作连贯。

(4) 安抚手法:用手指或手掌做轻柔缓慢而有节奏的连续按摩动作。面颊、额头等宽大的地方用手掌操作,眼周、口周等面积窄小的地方用手指操作,可以放松肌肉和神经,镇静皮肤。操作时多采用拉抹动作,指腹或手掌服帖,用手腕带动手指或手掌运动。

5. 面部按摩的手法要求 熟练的面部按摩手法,需要动作连贯而有节奏,能满足不同需求的顾客。因此还需做到以下几点要求。

(1)持久:每步操作可重复3～5遍,双手力度在按摩操作中能持续保持。点压腧穴时手指需按而留之,力度应遵循由轻到重、由重到轻的原则。

(2)有力:按摩手法必须具有一定力度,才能刺激到深层肌肉。力度大小根据顾客感受及皮肤状况及时调整。

(3)均匀:操作手法应有韵律感,可配合背景音乐,调整节奏,不能时快时慢;用力平稳,不能忽轻忽重。

(4)柔和:美容师在进行面部按摩时,手掌或手指应该柔软而服帖,手法转换应流畅连贯。

(5)得气:在点穴时有酸、麻、胀、重等感觉。

6. 面部按摩的方法 面部按摩手法应根据顾客皮肤特点和实际情况灵活运用,面部按摩时间为10～15 min。在按摩过程中,注意手法连贯、力度沉稳,手感柔软服帖,全部动作以舒缓的节奏进行(图3-15)。

视频:点穴

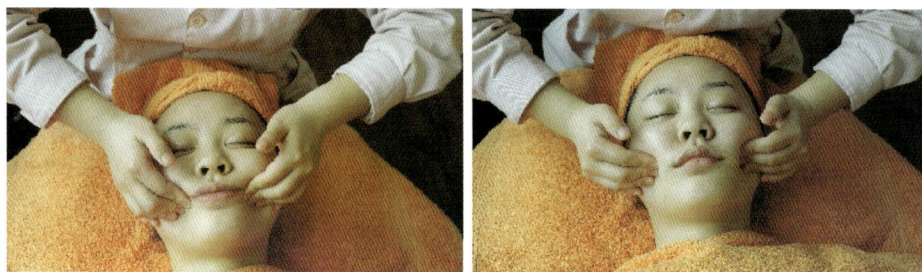

(a) 按压地仓　　　　　　　　　(b) 按压颧髎

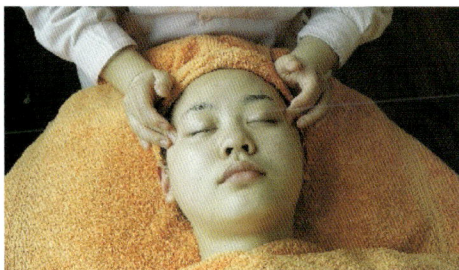

(c) 按压太阳

图 3-15　面部点穴

(1)额部按摩手法:

①打圈。

②拉抹(横拉、竖拉)。

③美容指走"Z"字。

④美容指交替向上拉抹印堂。

⑤一手剪刀手,另一手美容指打圈。

⑥美容指点按三线。

a.攒竹至发际。

b.鱼腰至发际。

c.丝竹空至发际。

视频:额部按摩

Note

⑦双手四指向上点按提升额部。

⑧双手美容指并排向上拉抹额头，上重下轻。

（2）眼部按摩手法：

①打圈（向内、向外）。

②双手美容指推眼袋，从睛明推至太阳。

③拉抹眼角，一手美容指，另一手虎口提升眼角。

④手持横位，中指从外向内打小圈至睛明，提升睛明，再滑至太阳，点按太阳。

⑤划"∞"字（单手、双手）。

⑥双手美容指从内向外揉眼球。

（3）面颊部按摩手法：

①三线打圈（承浆至太阳、地仓至太阳、迎香至太阳）。

②大鱼际揉按整个面颊，然后用大鱼际压太阳。

③手半握拳揉按整个面颊。

④六线提升（下颌至太阳、嘴角至太阳、迎香至太阳、下眼睑至太阳、眉毛至发际、额部至发际）。

⑤双手四指分别在颧骨下方，向上提升颧骨。

⑥提捏面颊。

⑦轮指。

⑧双手美容指在下颌走"Z"字，从一侧至另一侧。

⑨弹琴状拍打面部。

（4）鼻部按摩手法：

①双手美容指在鼻翼处向上打圈。

②拉抹鼻唇沟、鼻两侧，上重下轻，三短一长（印堂至内眼角、印堂至鼻翼、印堂至嘴角、印堂至下颌）。

③双手美容指交替上下拉抹鼻梁。

④中指在鼻翼处划括号。

（5）唇部按摩手法：

①双手美容指绕唇周画葫芦形。

②双手中指上下交替拉抹口周。

③从承浆起至地仓提嘴角。

④大拇指从同侧出发绕对侧（绕下巴）一周回到同侧地仓，提嘴角。

（6）耳部按摩手法：

①揉耳廓。

②擦耳根。

③揉耳朵。

④一手捂耳朵，另一手弹耳背。

（7）整体安抚按摩手法：

①小桃心安抚。

②过山车（阴阳平衡）。

③轮回八卦掌。

视频：眼部按摩

视频：面颊部按摩

视频：鼻部按摩

视频：唇部按摩

视频：耳部按摩

视频：整体安抚

Note

a. 双手重叠,按压额部,单掌循环面部。

b. 双手重叠,按压额部,滑向下巴,拍下巴。

c. 上滑至额头,拍额头。

7. 面部按摩的注意事项

(1) 根据顾客皮肤特点灵活选择按摩介质、按摩方法,按摩动作要熟练、准确,能够配合不同部位的结构特点变换手型。

(2) 按摩时间不可太长,以 10~15 min 为宜。长时间的按摩易导致皮肤疲劳甚至擦伤,影响按摩效果;长期、长时间按摩容易导致皮肤老化,皮肤抵抗力下降。

(3) 按摩过程中双手不可同时离开顾客面部,如需暂时离开,动作要轻柔,重新开始也应如此。

(4) 严禁让按摩产品进入顾客的眼、鼻和嘴中。

(5) 敏感皮肤按摩时间不宜超过 5 min,避开敏感部位,点穴要轻,少弹脸、摸脸。用加有扑尔敏的水冷喷,配合使用抗敏系列产品作为按摩介质操作。

(6) 不能进行常规按摩的情况:过敏皮肤、面部红血丝、痤疮性皮肤、急性皮炎、哮喘、气管炎、鼻炎患者等。

四、敷面膜

1. 面膜的作用原理　　面膜是集洁肤、护肤和美容为一体的多用途保养品。在面部敷、抹面膜并停留一定时间,使其与皮肤充分接触,形成一层薄膜,然后将面膜取下或用清水洗掉。利用覆盖在面部的短暂时间,暂时隔离外界的尘埃和污染的空气,提高皮肤温度,使皮肤毛孔扩张,促进汗腺分泌与新陈代谢,使皮肤的含氧量上升,有利于皮肤排出皮肤细胞新陈代谢的产物和表皮累积的油脂类物质。面膜中的水分渗入表皮的角质层,使皮肤变得柔软、光亮、有弹性。

2. 面膜的作用

(1) 清洁:由于面膜对皮肤表面物质的吸附作用,在剥离或洗去面膜时,可以将皮肤上的分泌物、皮屑、污垢等随面膜一起除去,达到彻底清洁皮肤的效果。

(2) 营养:面膜覆盖在皮肤表面,将皮肤与外界空气隔离,使皮肤温度上升,减少皮肤水分丢失,软化角质层,扩张毛孔,促进血液循环,使皮肤有效地吸收面膜中的活性营养成分,达到护肤效果。

(3) 紧致皮肤:在面膜成型和干燥的过程中,由于表面张力的作用,可以收紧松弛的皮肤,有助于消除和减少面部细小皱纹。

(4) 特殊作用:面膜中添加的不同成分,可用于不同问题皮肤,解决不同皮肤问题。

3. 面膜的分类及特点

(1) 按功能不同分类:

①清洁面膜:最常见的一种面膜,可以清除毛孔内的污物和多余油脂,去除老化角质,使皮肤清爽、干净。

②补水面膜:含保湿剂,将水分锁在面膜内,软化角质层,帮助皮肤吸收营养,适合各类皮肤。

③美白面膜:彻底清除死细胞,兼具清洁、美白双重功效,使皮肤重现柔嫩光滑,白皙透明。

④抗皱面膜:紧致皮肤,减少皱纹,特别适用于没有时间去美容院做护理的女性。

Note

⑤修复面膜:内含植物精华,软化表皮组织,促进皮肤新陈代谢,适用于干性或缺水性皮肤。

⑥滋养面膜:含有多种维生素与胶原蛋白,补充皮肤所需营养,令皮肤新生,焕发活力。

⑦舒缓面膜:迅速舒缓皮肤,消除疲劳感,恢复皮肤的光泽和弹性,适用于敏感性皮肤。

(2)按形态不同分类:

①泥膏型:常见的有矿物泥面膜。

②撕拉型:黑头粉刺专用鼻贴。

③冻胶型:以睡眠面膜最常见。

④湿纸巾型:很常见,一般是单片包装、浸润着精华液的面膜纸。

常见的面膜有如下几种。

①粉状面膜:一般分软膜和硬膜,硬膜较少使用,软膜在美容院和家居中使用较多。

软膜:美容院经常使用的面膜。使用时与液体(一般为纯净水、纯露、爽肤水、牛奶等)混合调至糊状,涂敷在面部(图 3-16)。15～20 min 后形成质地细软的薄膜。温和补水,吸附皮肤的分泌物,可整张面膜取下。软膜粉中因添加不同成分而具有不同作用,因此适合不同类型的皮肤。常见的有维生素 E 软膜,具有抗衰老作用;当归软膜,可改善肤色、去皱抗老化;芦荟、洋甘菊、薰衣草软膜,温和补水,适用于敏感性皮肤。

(a) 取面膜粉 　　　　　　　　　　　　　　(b) 加水调和

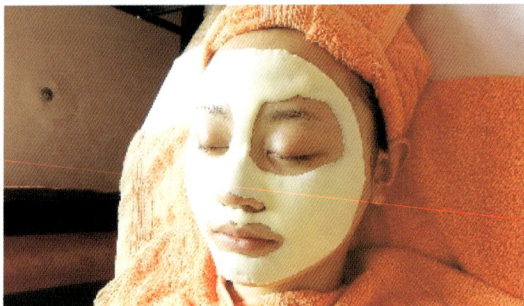

(c) 涂敷面膜

图 3-16　粉状面膜

硬膜:主要成分是熟石膏,能形成很坚硬的膜,由于熟石膏遇水会放热,可以使膜体温度持续渗透,能够燃烧皮下脂肪,故而也常用于减肥。当硬膜粉中添加冰片、薄荷等具有收敛、消炎作用的成分时,则是一种冷膜,通过对皮肤的冷渗透从而达到抑制皮脂分泌、清热消炎、镇静皮肤的作用。硬膜不易整张面膜取下,容易形成碎末。因此,在涂敷硬膜前,需覆盖一层与脸部大小一致的纱布,露出眼睛和嘴巴,将硬膜迅速涂敷在纱布上。由于硬膜的吸水性和收敛作用较强,有一定压迫性,故一般1个月使用1次。

使用面膜粉时需注意以下几点。

a. 调制面膜时,注意水量控制。加水过多,会使面膜太稀,不易成型,敷面膜时会因重力流至顾客颈部引起不适;加水太少,会使面膜迅速凝固成型而不易涂敷至全脸,影响效果。

b. 涂敷面膜时,按照先U区再T区的顺序涂敷,控制好厚度。太薄,会影响效果,揭膜时难以完整取下;太厚,成型时间长,且易造成面膜粉的浪费。

c. 注意把握取面膜时间。约15 min便可取下面膜,取面膜的时间应根据具体情况而定。如空调房内敷面膜时间不宜太久,否则面膜会受环境影响而迅速干燥,倒吸面部皮肤水分。

d. 取面膜之后,要注意下巴、耳后、发际等位置是否残留面膜渣,可用湿面巾纸擦拭干净。

②膏状面膜:膏状面膜含油性成分,更具滋润效果,易调整面膜厚度,可局部用,不受脸型限制,服帖度好。根据添加的有效成分不同,可分为美白面膜、舒缓面膜、控油面膜、营养面膜等。根据使用之后的状态不同,分为可干型面膜和保湿型面膜。

可干型面膜:面膜涂于皮肤之后,逐渐凝固干燥,可整体揭除。膜体与皮肤的亲和力较强,涂膜之后,随着膜体干燥,皮肤紧绷感越来越明显,收敛性强。揭膜时将毛孔深层污垢及老化角质一起带下,具有较好的清洁作用,适用于油性皮肤,敏感性皮肤禁用。

保湿型面膜:面膜敷于皮肤一直保持湿润状态,面膜中的有效成分在湿润环境中发挥作用,常用于眼部或干性皮肤的护理,有较好的滋润作用。

使用膏状面膜需要注意以下几点。

a. 涂敷顺序与软膜涂敷顺序相似。由皮肤温度最低的地方开始,依次涂敷脸颊、唇周、鼻翼、额头,温度低处需要花较长时间渗透,依照此顺序涂敷,就能确保渗透率相同。

b. 先用化妆水滋润皮肤。若皮肤没有充分滋润,面膜中的油脂容易阻塞毛孔。

c. 面膜涂敷厚度适中,过薄无法形成一个封闭渗透的"护肤场"。

③海藻面膜:海藻面膜的有效成分是从海藻中提炼的海藻胶,具有凝胶作用,能增加皮肤的锁水性、紧缩性及弹性,达到除皱目的。海藻面膜还有平衡油脂分泌,消炎杀菌之功效,对痤疮有很好的辅助治疗效果。

海藻面膜是深褐色颗粒状(图3-17),用温水调制,轻轻搅动,1 min内析出很多海藻胶(图3-18),即可敷于面部,待干,取下面膜。

视频:调膜板的用法及面膜的调法

图 3-17 海藻面膜

图 3-18 析出海藻胶

Note

④骨胶原面膜：骨胶原面膜属于抗衰老面膜的一种。骨胶原含有多种细胞因子，可以使细胞再生，一次可以修复上万个皮肤细胞，补充大量透明质酸和胶原蛋白，能提供皮肤所需要的水分，形成很好的保护水层，修复皮肤红血丝，减轻皱纹，分解色斑，祛除色素沉着，提升面部轮廓。适合缺水、疲惫、衰老肌肤，以及敏感脆弱皮肤和晦暗皮肤。

使用骨胶原面膜时需注意以下几点。

a.足够量的水：骨胶原面膜运用冷冻干燥法保存，活性成分处于休眠状态，是水溶性产品，只有加入足够量的水，活性成分才能完全释放出来。骨胶原面膜具有超强的吸水功能，吸水量是自身重量的 30 倍，即 1 张面膜 2 g，注入 60 mL 水才可以发挥出更好的效果。

b.使用时间：由于面膜的活性成分遇水后释放以及皮肤对骨胶原面膜吸收均需要一定的时间，因此，面膜停留的最佳时间为 30～45 min。

c.水质选择：使用纯度较高的水。普通水中的杂质和某些成分容易破坏骨胶原的成分，影响效果。建议使用纯净水，使用玫瑰纯露、橙花纯露、薰衣草纯露效果更佳。

d.清洁皮肤：敷面膜前彻底清洁皮肤，将水溶性产品清洁干净，不使用带油分的产品按摩。因含油物质遇骨胶原会影响骨胶原的吸收，且易引起皮肤过敏。

e.注意事项：取下面膜后不要用清水清洁，用化妆棉蘸取爽肤水擦拭即可。调制好的骨胶原面膜为弱酸性，对皮肤有保护作用，遇水后影响其效果。

⑤片状面膜：片状面膜是人们最常用的一款家居面膜，使用方便，操作简单。片状面膜中的片状物质只是作为一种载体，真正有效物质是混入其中的高浓度精华液。作为载体的片状物质有蚕丝的、全棉的、涤纶的、混纺的、天丝的、生物纤维的等，其中生物纤维面膜最好，混纺面膜质量最次。

无纺布面膜是片状面膜的一种，以无纺布为精华液载体。纯棉无纺布面膜的感觉柔润舒服，密封性好，透气性一般，精华液少时会翘起来，不是很服帖。它使用广泛的原因是成本低，价格低廉(图 3-19)。

蚕丝面膜轻薄，服帖性好，透气性好，因材质薄承载精华液有限，精华液多留在面膜袋中，在敷膜过程中精华液容易流失(图 3-20)。

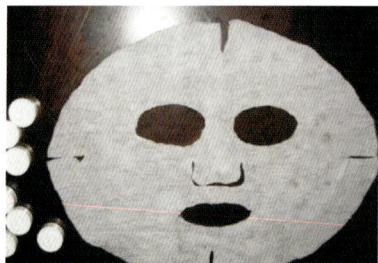

图 3-19　无纺布面膜

图 3-20　蚕丝面膜

生物纤维面膜服帖性好，透气不滴水，具低敏性，产品中富含类似人体表皮细胞的生物活性体，与人体皮肤细胞亲和性极高，营养物质极易通过毛孔吸收，到达皮肤深层，效果好。美容院已在逐步推广这种面膜，但由于制作成本较高，目前使用不广泛(图 3-21)。

片状面膜的功能多以保湿补水、美白皮肤和滋养修复为主。对皮肤深层清洁的效果没有膏状面膜和面膜粉明显。根据外观，片状面膜分为压缩面膜和非压缩面膜。

a.压缩面膜:约五角硬币大小,厚度为 6 mm 左右。使用时放在液体中,自然膨胀,打开即是一片适合脸型大小的面膜纸。外出时携带方便。浸泡的液体可根据需要选择相应功能的精华液。

b.非压缩面膜:使用比较方便,有适合脸型面膜和可覆盖颈部面膜,可满足大众的需求。

⑥睡眠面膜:睡眠面膜是做完基础护肤之后,将面膜敷在脸上直接睡觉的一种面膜,一般第二天早晨正常洁面即可。睡眠面膜是啫喱或乳霜质地,像涂了一层护肤品,其特点是可以保留在面部不用立即清洗,能有效舒缓身心疲劳,提升睡眠质量,更好地促进皮肤夜间新陈代谢,备受女性欢迎。睡眠面膜一般在 6～8 h 后清洗,一周做 2～3 次。

⑦超导面膜:一款创新型面膜,它由 PET 薄膜与丝质纤维膜经高科技热融合技术复合而成,因其具有极佳的吸收度、保湿度、亲肤性及超强的导入性等特征,故被称为 PET 超导面膜(图 3-22)。面膜外层有许多细小气孔,厚度只有 2 μm;面膜内层为超轻的 40 g/m² 的 Rayon 纤维膜巾。

图 3-21　生物纤维面膜

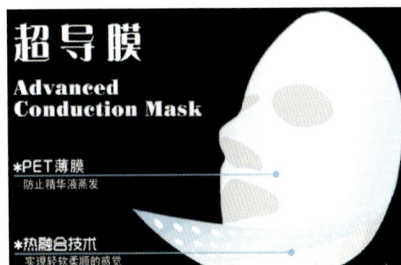

图 3-22　超导面膜

超导面膜的特点是其外层 PET 薄膜的特殊材质及细小气孔,让面膜透气不透水。可以有效阻隔空气反吸,防止精华液蒸发,能利用大气负压原理增加面膜附着力和传导作用,让精华液加倍渗透和吸收。

使用超导面膜时注意,不要撕开 PET 薄膜,将丝质面贴敷在脸上,10～15 min 取下面膜,无须洁肤。

【相关知识】

自 制 面 膜

自制面膜是指选用天然材料自己动手制作的面膜。新鲜水果、蔬菜、鸡蛋、蜂蜜、中草药和维生素等富含皮肤所需营养,副作用少,物美价廉,是现代女性的美容佳品。制作方法如下。

(1) 苹果面膜:将苹果磨成泥,加入柠檬汁和少许盐后搅拌,敷于脸上,具有清洁、去角质效果。

(2) 黄瓜、胡萝卜、蛋清面膜:将黄瓜和胡萝卜搅碎,与蛋清混合敷于面部,具有滋养皮肤、改善皮肤粗糙的功效。黄瓜、胡萝卜打成汁加入蜂蜜饮用,会配合面膜发挥更好的效果。

(3) 蜂蜜、蛋黄、橄榄油面膜:三者混匀敷于面部即可,能为皮肤补充养分。

(4) 陈醋、蛋清面膜:将鸡蛋浸入陈醋内,72 h 后捞出,取蛋清备用。每晚睡觉前以蛋清敷面,一周两次,可以控制痤疮生长,有杀菌消炎之功效。

Note

4. 使用面膜的注意事项

（1）使用面膜前,先清洁面部,也可按摩后用热毛巾敷面 2 min 再敷面膜。热毛巾敷面可让毛孔打开,排出皮脂和污垢,面膜营养成分更易吸收。

（2）干性皮肤或气候干燥时,需先拍爽肤水,再敷面膜。

（3）涂敷面膜时,用手指将面膜均匀涂于脸部和颈部,注意面膜必须距离眼睛和嘴唇 0.5 cm 左右,避免眼睛和嘴唇受到刺激引起不良反应。距离发际 0.5～1 cm,以免面膜黏附于头发而不易清洗。

（4）敷面膜后面部不宜做表情,以免面膜与皮肤接触不紧密而影响吸收与效果。

（5）面膜涂敷时间根据其性质来定。水分含量适中,约 15 min 即可清洗,以免面膜过干而吸收皮肤水分;水分含量高,30 min 即可清洗。因此,敷面膜时间不是越长越好,时间"超支",会导致皮肤失水、失氧。

（6）面膜应由下往上轻轻揭下。

（7）揭去面膜之后,面部清洗与否,根据面膜的使用要求而定。清洁类面膜需要清洗,保养类面膜不需要清洗。滋润或补水面膜取下后建议用手按摩 2～3 min,使营养充分吸收。

（8）敷面膜频率依据年龄和皮肤情况而定,年轻人 1 次/周。若皮肤过于粗糙、松弛,可 2 次/周。如果使用太频繁,易引起角质层变薄,改变皮肤的正常代谢,导致红肿、敏感等不良反应。滋养类面膜频繁使用,容易导致痤疮产生。

（9）补水类面膜在极度缺水的状态下使用,面部会有刺痛感,属正常现象。简易测试方法:可先在前臂内侧皮肤上涂抹少量面膜,20 min 后若无过敏反应,即可敷在脸上。

（10）面膜是周期性护理品,为皮肤补充水分和营养,因此,敷完面膜后要涂抹乳液或面霜,锁住水分,滋养皮肤。

五、后续工作

1. 基本保养 面膜养护结束之后,整个面部护理的主要护理操作就基本结束,此时需要滋养皮肤,做好防护工作。依次使用爽肤水、眼霜、精华液、乳液、面霜,涂擦防晒隔离霜,做好防晒工作。

2. 协助顾客整理仪容 拆开包头巾,取下肩巾,协助顾客起床,整理其衣物、头发。必要时为顾客化淡妆。

3. 结账与送客 协助顾客结账,送顾客离店。

4. 环境整理 护理车上的用物整理归还至配料间;污物放到指定位置;美容床上用物、顾客浴衣回收清洗消毒,更换干净物品备用;关闭仪器,切断电源,做好仪器养护;打扫护理间的卫生。

5. 记录 认真记录护理及沟通内容,如护理项目、顾客喜好、皮肤受力程度、顾客感兴趣的沙龙活动及满意度等。

6. 跟踪回访 美容师可通过电话、微信等方式咨询顾客护理后的感受,提醒顾客家居护理注意事项,预约下次到店时间。

任务二　面部刮痧

【任务描述】

对于现代女性来说,美容已经成为她们生活中的一部分,而面部刮痧,就是常用的美容方法之一。本任务主要介绍面部刮痧,学生可以通过学习本任务,了解面部刮痧的作用,掌握面部刮痧的操作程序及注意事项。

【任务目标】

(1) 了解面部刮痧的作用。

(2) 掌握面部刮痧的操作步骤。

(3) 掌握面部刮痧的注意事项。

【任务实施】

一、面部刮痧的基础知识

刮痧疗法,是运用边缘光滑的刮板,在人体特定部位施以各种刮拭手法,使刮拭部位发红、发热,达到疏通经络、活血化瘀、养颜驻颜的作用。刮痧疗法简便易行,见效快,没有副作用,在历史上流传甚为久远。早在唐代人们就用苎麻刮痧治病。元明时期已经有较多的关于刮痧疗法的记载,即用瓷勺来刮背,驱散邪气;到清代的时候,有关刮痧症在《理论骈文》等著作中有记载,近代出现了《七十二种痧症救治法》等专著,对刮痧疗法的理论和操作做了全面系统的描述。

"痧"是我们经常说的身体中的毒素,是溢出经脉的有毒的离经之血。刮痧可以使局部毛孔开泄,改善血液循环,清洁经脉,消除隐患;又可以疏通经络,宣通气血,振奋阳气,补氧祛瘀,调理脏腑,提高机体的抗病能力;改变组织的缺氧状态,加强人体新陈代谢,促进细胞的再生活化。刮痧能够改善皮肤血管的微循环,增加血液、淋巴液及体液的流量,使皮肤中的细胞得到充分的营养和氧气,加速细胞的新陈代谢,促进衰老细胞的脱落,维护纤维的弹性状态,起到排毒养颜、舒缓皱纹、提升紧致、保健养颜的功效。

(一) 面部刮痧的概念

面部刮痧是根据刮痧治病的原理派生出来的一种新颖的面部护理方法,是运用特质刮痧板,沿面部经络实施一定手法,刺激面部腧穴,疏通经络、平衡阴阳、调整面部生物信息,从而达到行气活血、舒缓皱纹、提升紧致、美白消斑、排毒养颜、护肤美容的目的。

(二) 面部刮痧的材料

1. 刮痧板　刮痧板是刮痧的主要工具,可在人体各部位的经络与腧穴使用。刮痧板通常由天然的水牛角、磐石、玉石、木材等制成。

刮痧板根据身体部位和面部结构差异而被设计成不同的形状,如方形、三角形、鱼形等。面部刮痧选择用鱼形刮痧板或方形刮痧板;三角形刮痧板多用于躯干和四肢(图3-23)。

方形刮痧板包括两个长边、一个短边、一个凹槽、四个角。面部刮痧操作常用两块方形刮痧板,左右手各持一块配合使用。刮痧操作时,短边和长边多用于面部经络刮拭,凹槽多用于鼻部刮拭,角部多用于面部空间狭小的地方。

2. 刮痧介质　刮痧时,为保护皮肤或减少皮肤的摩擦损伤,除借助某些药物的辅助作用外,常在刮痧区涂抹脂类、霜类、油类等润滑物质,这些物质统称为刮痧介质。刮痧介质常采用天然植物油添加红花、紫草等天然中草药提炼加工而成,也可直接选用芳香精油作为刮痧介质。

Note

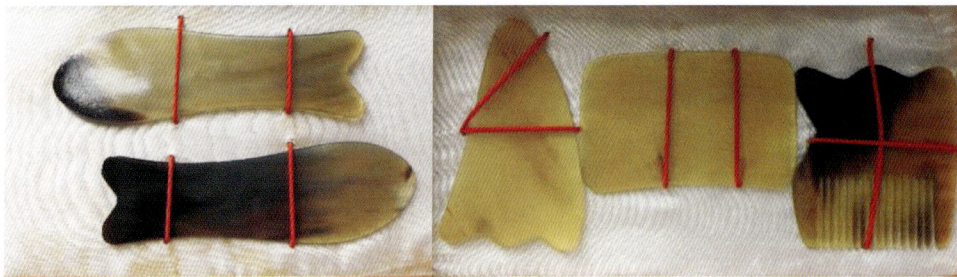

图 3-23　各类刮痧板

（三）面部刮痧的作用与原理

1. 排出代谢产物　刮痧操作可使局部组织血管扩张,黏膜渗透性增强,血液循环和淋巴循环加快,细胞的吞噬作用增强,改善皮肤深部微循环,使皮肤代谢产物经血液循环和淋巴循环途径迅速排出,改善面色,有效淡化色斑。

2. 促进和恢复细胞的自身功能　面部刮痧有刺激表皮神经末梢、增强传导功能的作用,可以激活受损的细胞,促进和恢复细胞自身分泌和再生等功能。

3. 疏通细胞营养的供给渠道　通过方形刮痧板对面部皮肤的刮拭,能有效疏通细胞营养的供给渠道,恢复和增强皮肤细胞自身吸收和利用营养的功能。刮拭产生的热效应增加了血液、淋巴液和体液的流量,使供应皮肤营养的血液循环持续加快,及时补充营养物质,滋养皮肤,减少皱纹,延缓皮肤衰老。

4. 增强皮肤的免疫功能　面部刮痧可以促进正常免疫细胞的生长、发育,提高其活性,可促进淋巴细胞、白细胞和其他免疫细胞对病毒、细菌的吞噬作用。

面部刮痧见图 3-24。

图 3-24　面部刮痧

二、面部刮痧的操作程序

（一）准备工作

面部刮痧属于面部护理的一部分,准备工作基本同面部基础护理,另备方形刮痧板两块、刮痧介质、酒精棉球、精油。

（二）基本步骤

1. **清洁**　常规清洁皮肤。

2. **消毒**　用 75% 酒精棉球消毒双手和方形刮痧板。

3. **展油**　取适量精油,由下至上,均匀涂抹顾客全脸及颈部。

4. 面部刮痧

①切割经络：一手持一个刮痧板，两个板之间成 30°～45°角，刮痧板的下边紧贴，不要有任何的空隙，力度下沉，用手腕带动刮痧板相互摩擦，刮痧板摩擦的频率要快，走的速度要慢，每条线一来回为一遍，每条线走三到五遍。面部刮痧经络图见 AR 2。

a. 神庭—太阳。

b. 额中—太阳。

c. 印堂—太阳。

d. 下眼睑—太阳。

e. 迎香—耳前。

f. 人中—耳前。

g. 地仓—耳前。

h. 承浆—耳前。

第八条线走完之后按原路返回，再做另一边。

做完之后用刮痧板在三角区进行舒缓操作。

②刮痧排毒：先用刮痧板从鼻尖到神庭刮拭，上重下轻，再按面部八条线来进行。同样是一手持一块刮痧板，一边刮痧板固定在每条线的起点，另一边刮痧板做刮法，出重回轻，每条线到耳前后在耳前来回拉抹转至耳后从颈部淋巴排出，最后再加上下颌这一条线，刮痧至耳后从颈部淋巴排出，一边做完做另一边（图 3-25）。

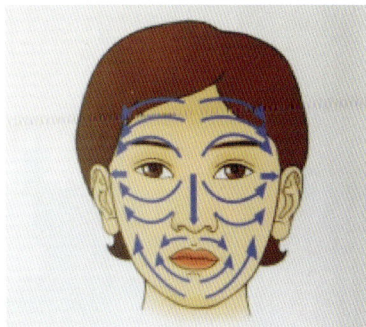

a. 神庭—太阳—耳前。

b. 额中—太阳—耳前。

c. 印堂—太阳—耳前。

d. 下眼睑—太阳—耳前。

e. 迎香—耳前。

f. 人中—耳前。

g. 地仓—耳前。

h. 承浆—耳前。

在刮痧排毒过程中可以根据结节出现部位来进行疾病诊断。结节出现的部位不同反映的问题也不同，比如额头在刮痧的时候有结节，说明顾客睡眠不好，失眠或多梦；刮痧的时候眉毛处有酸胀感说明肩周不好，肩周疼痛或酸痛；下眼睑处有结节说明顾客脾气不好，经常生气或发火；颧骨下方刮痧时有结节，说明顾客有便秘或体内有宿便；人中处有结节说明顾客月经不调，周期紊乱或量少、色淡或色深、有血块、痛经。

做完排毒用刮痧板板面安抚面部。

③安抚提升：做的过程中先用刮痧板做面部六线提升，再用手做面部六线提升。

面部六线如下。

a. 承浆—太阳。

b. 地仓—太阳。

c. 迎香—太阳。

d. 下眼睑—太阳。

e. 眉毛—发际线。

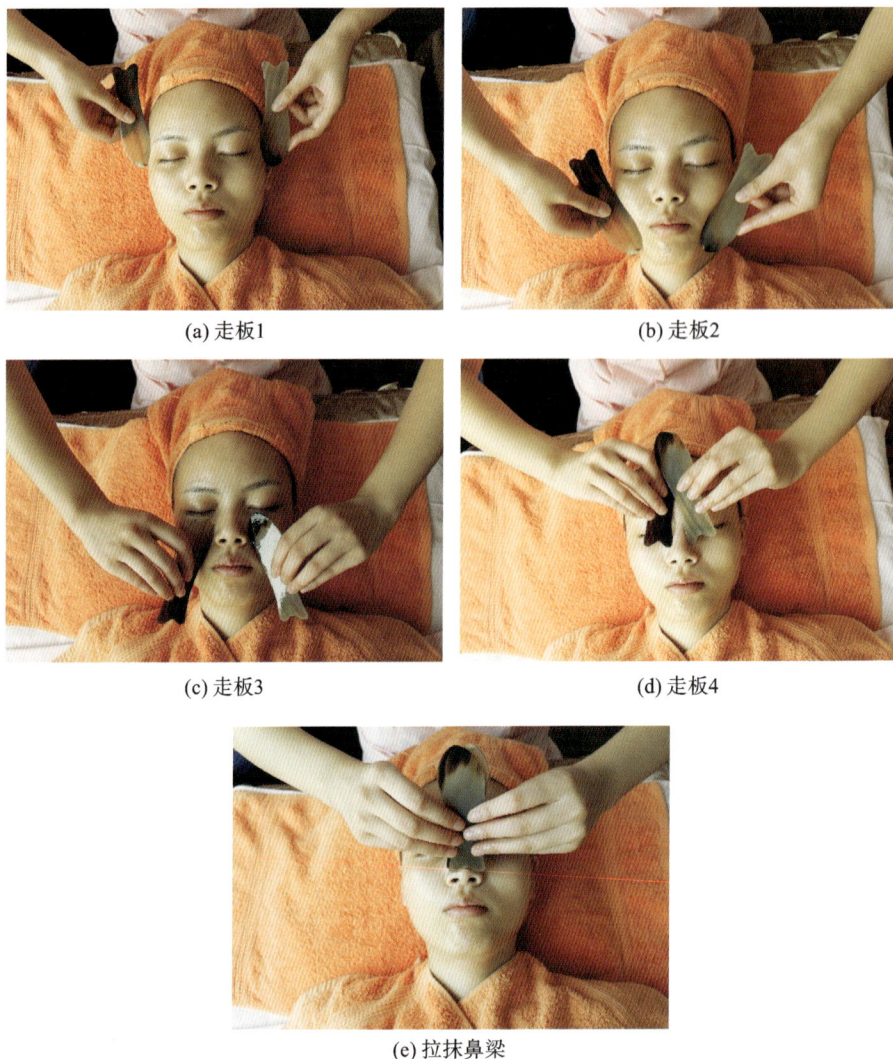

(a) 走板1　　　　　　　　　　(b) 走板2

(c) 走板3　　　　　　　　　　(d) 走板4

(e) 拉抹鼻梁

图 3-25　刮痧排毒操作示意图

f. 额头—发际线。

做的过程中手要贴近、贴实,力度沉下去。

5. 后续工作　用湿面巾纸擦拭全脸,爽肤、润肤,结束操作。

三、面部刮痧的注意事项

1. 面部清洁要求　刮痧前先用清水洗面,若用洁面乳清洁皮肤,选择不含软化角质和去角质成分的洁面乳。

2. 刮拭用具选择　面部刮痧工具应为水牛角、木材、玉石等天然材料制作的方形刮痧板,不宜使用塑料材质的。面部刮痧前要先涂敷刮痧介质,如本草刮痧油或芳香精油等,保持足够的润滑度,不可在未涂抹刮痧介质时直接刮拭,以免造成皮肤损伤。

3. 刮痧时间和力度　面部刮拭动作要求慢、柔、匀、稳,刮拭速度宜缓慢,时间和力度因人而异。

4. 禁忌证

(1) 患皮肤传染性疾病者忌用。

（2）皮肤有创面或有严重痤疮者慎用，以免操作不慎引发感染。

（3）过敏性皮肤急性过敏期忌用。

（4）严重敏感性皮肤者慎用。

（5）妊娠期慎用。

（6）中、重度贫血者慎用。

（7）过度饥饱、过度疲劳、醉酒者慎用。

5. 刮痧板　使用之前先检查刮痧板边缘是否光滑；使用前后都需严格消毒。

6. 面部刮痧　以皮肤发红、发热为度，不要求出痧。

7. 灵活运用刮痧板　刮痧的过程中灵活运用刮痧板，面部皮肤面积大的部位可以用刮痧板长边或面，面部皮肤面积小的地方用刮痧板的短边或角。

【任务评价】

通过本任务学习了解哪些人不能做面部刮痧。

【相关知识】

刮痧疗法的作用原理

刮痧疗法是中医非药物疗法中重要的组成部分，属于中医外治法范畴。刮痧疗法施术部位为人体体表，属于经络的皮部。皮部是按经络系统的分区，是十二经脉在体表的分区，它和经络不同之处在于经脉是呈线状分布，络脉是呈网状分布，而皮部是呈"面"状划分，所以针刺主要在"点"，刮痧主要在"面"。皮部是经络在体表的反映，《素问》论述了十二脏病变传变次序和规律。内在的病变也可在皮部有所表现，可以通过对皮部的诊察来判断内在的病变。

任务三　面部芳香疗法

视频：项目三
任务三　面部
芳香疗法

【任务描述】

芳香疗法是一种运用自然疗法的新型医疗保健方式，同时也是一种有着悠久历史的回归自然疗法，结合了艺术与治疗双重功能，综合性考虑到了人体生理和心理的需求。中医芳香疗法和西医芳香疗法是两类芳香疗法，两者在理论渊源、使用过程等方面均具有相关性。

【任务目标】

（1）了解面部芳香疗法的基础知识。

（2）掌握面部芳香疗法的操作程序。

（3）掌握面部芳香疗法的注意事项。

【任务实施】

一、面部芳香疗法基础知识

（一）面部芳香疗法的概念

芳香疗法是使用从芳香植物中萃取的高浓度芳香精华（精油），进行养生、保健和美容的疗法。芳香意为芬芳、香味；疗法意为对疾病的治疗。芳香疗法是传统的自然疗法

Note

之一,是一种辅助性的疗法,与正统医疗相似,但并不能取代正统医疗。

"芳香疗法"一词虽源自欧洲,但中医芳香疗法历史更为悠久,在历代中医文献中均有记载,并在民间广泛流传。早在殷商甲骨文中便有熏燎、艾蒸和酿制香酒的记载,至周代就有佩戴香囊、沐浴兰汤的习俗。真正有文献记载的便是先秦时代《山海经》中薰草"佩之可以已疬"。由此说明了当时已形成使用芳香药物防治疾病、辟秽消毒、清洁环境的风俗习惯。至战国时期,芳香疗法逐渐从生活习俗发展为医疗手段,并记载于我国最早的医学典籍《黄帝内经》中有:用淳酒二十升、蜀椒一升、干姜一斤、桂心一斤,凡四种,皆㕮咀,渍酒中,用绵絮一斤,细白布四丈,并内酒中……唐代,芳香疗法有了进一步发展,如孙思邈《备急千金要方》指出"太乙流金散烟熏、赤散搐鼻、辟瘟杀鬼丸香佩、粉身散作粉剂扑身、桃枝洗方外浴"等外治方法可起防治温病的作用,并在"辟温"一节中详细记载。《本草纲目》更是对芳香疗法的用药方式进行总结、创新及更全面的介绍,如涂法、擦法、敷法、扑法、吹法、含漱法、浴法等。清代,吴师机编著的《理论骈文》对芳香疗法的作用机理、辨证论治、药物选择、用法用量、注意事项等作了系统的阐述。直至现代,随着社会的发展,中医芳香疗法的发展逐渐完善,给药方式种类也多样化,如中药精油、中药香薰、中药喷雾等。

因此,芳香疗法是融合了几千年来的文明智慧及21世纪医学家和科学家的研究成果,给人们提供了有效又愉悦的保健选择,达到平衡身、心、灵的整体效果。芳香疗法表现的是精致的生活内涵和高品质的生活理念。

面部芳香疗法提倡运用天然的护肤品及精油,通过对面部皮肤香薰、涂抹、按摩等方法,达到面部皮肤的保养美容及人体身、心、灵的整体疗愈(图3-26)。

图 3-26   芳香疗法

(二)基础油

基础油,也称为媒介油或基底油,是从植物的种子、花朵、根茎或果实中萃取的非挥发性油脂,可以滋润、软化皮肤,使皮肤保持柔软和光泽,能直接用于皮肤按摩,也是稀释精油的最佳基底油,让纯精油能够安全地应用于皮肤。植物基础油本身就具有医疗效果,是营养和精力的良好来源,身体有了它就能产生热,它是蛋白质的绝佳来源。有好几百种植物的种子可以生产出油,其中只有少数几种油是用在商业用途中的。

根据不同肤质选择合适的基础油来进行调配。

1. 油性皮肤   甜杏仁油、杏桃仁油、荷荷巴油。

2. 干性皮肤   鳄梨油、小麦胚芽油。

3. 敏感性皮肤 甜杏仁油。

4. 衰老性皮肤 小麦胚芽油。

5. 皱纹皮肤 鳄梨油。

6. 粉刺 荷荷巴油。

（三）针对常见的皮肤类型推荐精油及配方

1. 中性皮肤

（1）单方精油：薰衣草、迷迭香、柠檬、尤加利、天竺葵等。

（2）复方精油配方：1滴薰衣草＋1滴佛手柑＋10 mL甜杏仁油。

2. 干性皮肤

（1）单方精油：薰衣草、迷迭香、檀香、天竺葵等。

（2）复方精油配方：1滴天竺葵＋1滴罗马洋甘菊＋8 mL甜杏仁油＋2 mL荷荷巴油。

3. 油性皮肤

（1）单方精油：薰衣草、丝柏、迷迭香、尤加利、柠檬、罗勒等。

（2）复方精油配方：1滴丝柏＋1滴尤加利＋8 mL甜杏仁油＋2 mL荷荷巴油。

二、 面部芳香疗法的操作程序

（一）疗程指引

播放心灵音乐→点香薰灯→调整灯光→品花草茶→草本洁肤→花卉水净肤→美白去角质→美肤香薰法→美肤按摩法→草本修复面膜→花卉水净肤→涂芳香平衡保湿精华→涂隔离乳液→再品花草茶。

（二）疗程配方

1. 香薰灯 柠檬、桉树叶、薰衣草。

2. 花草茶 玫瑰、薰衣草、洋甘菊、柠檬、姜茶。

3. 洁肤 在清洁用品中加入一滴单方精油，打出泡沫彻底清洁皮肤。

4. 花卉水 玫瑰纯露、洋甘菊纯露、薰衣草纯露、金缕梅纯露。

5. 去角质 将精磨燕麦粉浸泡2 h，加上1滴单方精油。在面部轻轻打圈，去除老化角质。

6. 香薰法 香薰精油为杜松、丝柏、马郁兰、松树、茶树精油调配而成。

7. 美肤按摩法 薰衣草、茶树、迷迭香、玫瑰精油。

8. 面膜 茶树、玫瑰、橙花、甘草精油。

（三）手法按摩

动作要轻、柔、慢，每个动作重复4～6遍，心神合一。

1. 前奏 ①洁肤（面部、胸部）；②敷压（热、冷）（图3-27）；③上精油（胸、颈、面）（图3-28）；④口述（语言引导），打圈，从额往下每个部位放松，与口述同步进行。

2. 胸部按摩 ①横抹法：前胸至腋下，叠掌背，掌心抹（图3-29）。②游泳式：前胸→肩峰→肘关节，双臂游，掌心掌指打圈（图3-30）。

3. 颈部按摩 ①揉颈部两侧，按压颈根部：由上至下打圈（图3-31）。②横抹颈部：左右交替横向拉抹前颈部。③推抹颈部两侧：左右交替推抹颈部两侧（图3-32）。

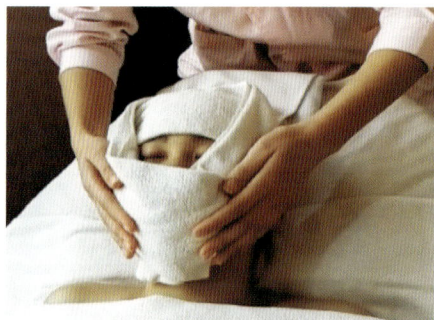
(a) 敷压面部

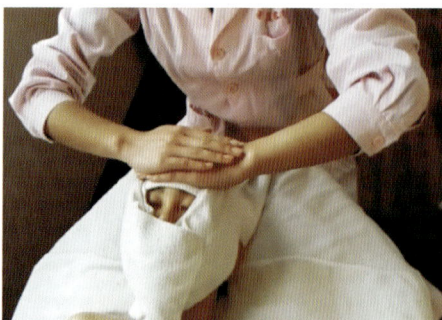
(b) 敷压额头

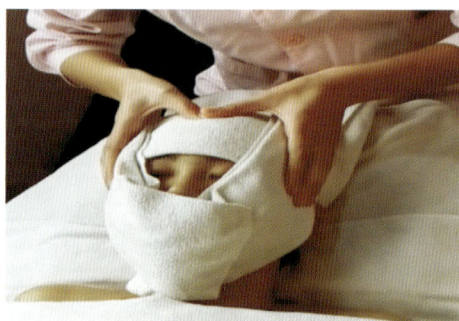
(c) 点穴

图 3-27　敷压

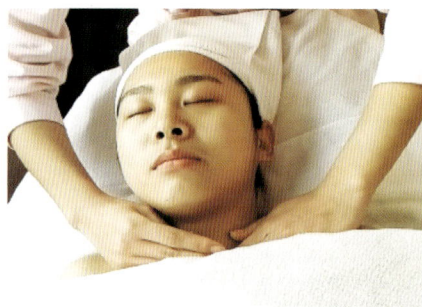
(a) 胸部上精油

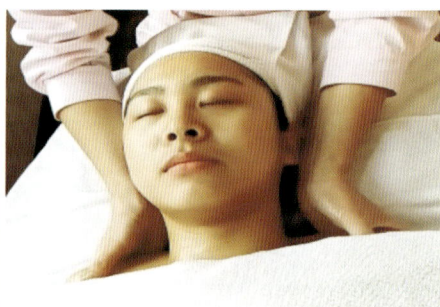
(b) 肩颈上精油

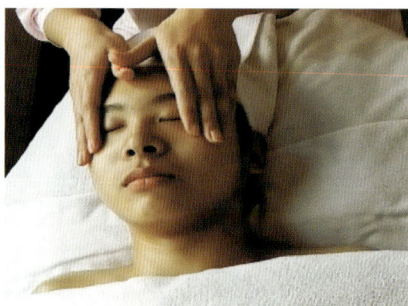
(c) 面部上精油

图 3-28　上精油

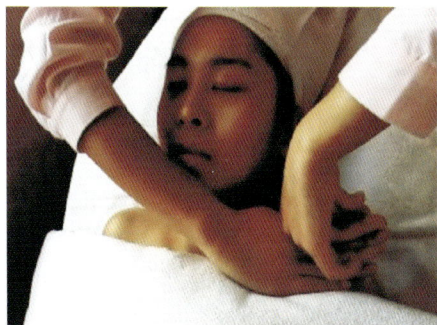

图 3-29　横抹法

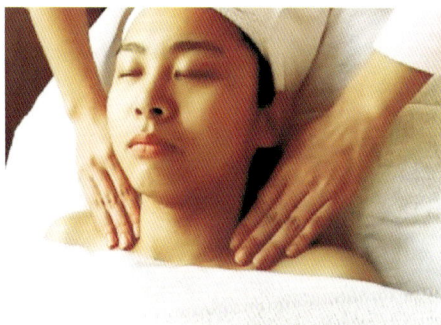

图 3-30　游泳式

(a) 揉颈部

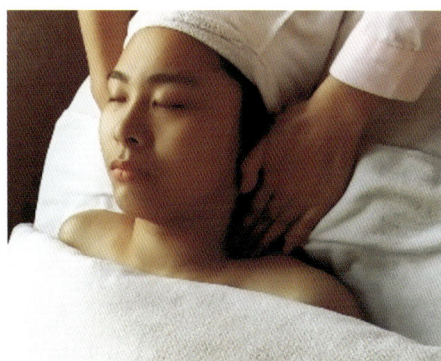

(b) 按压颈根

图 3-31　揉颈部两侧

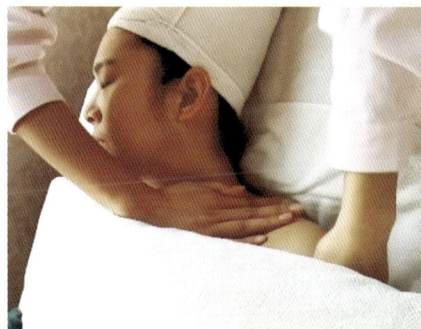

(a) 推抹颈部两侧1

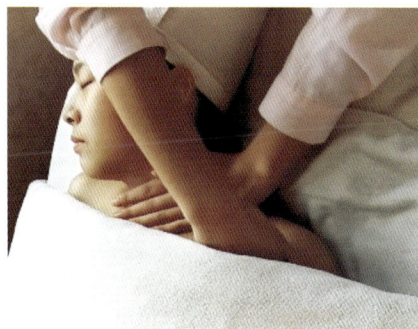

(b) 推抹颈部两侧2

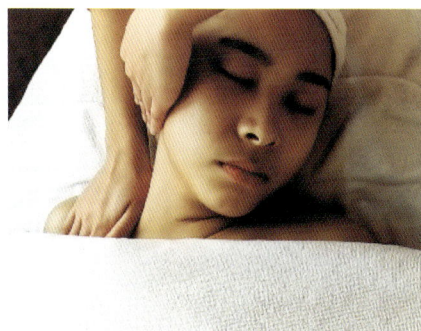

(c) 推抹颈部两侧3

(d) 推抹颈部两侧4

图 3-32　推抹颈部两侧

Note

4. 面部按摩　①拉抹下颌（图 3-33（a））；②提拉嘴角（图 3-33（b））；③提拉面颊（图 3-33（c））；④提拉眼角（图 3-33（d））；⑤安抚额头（图 3-33（e）、（f））。⑥点压面部穴位（图 3-34）。

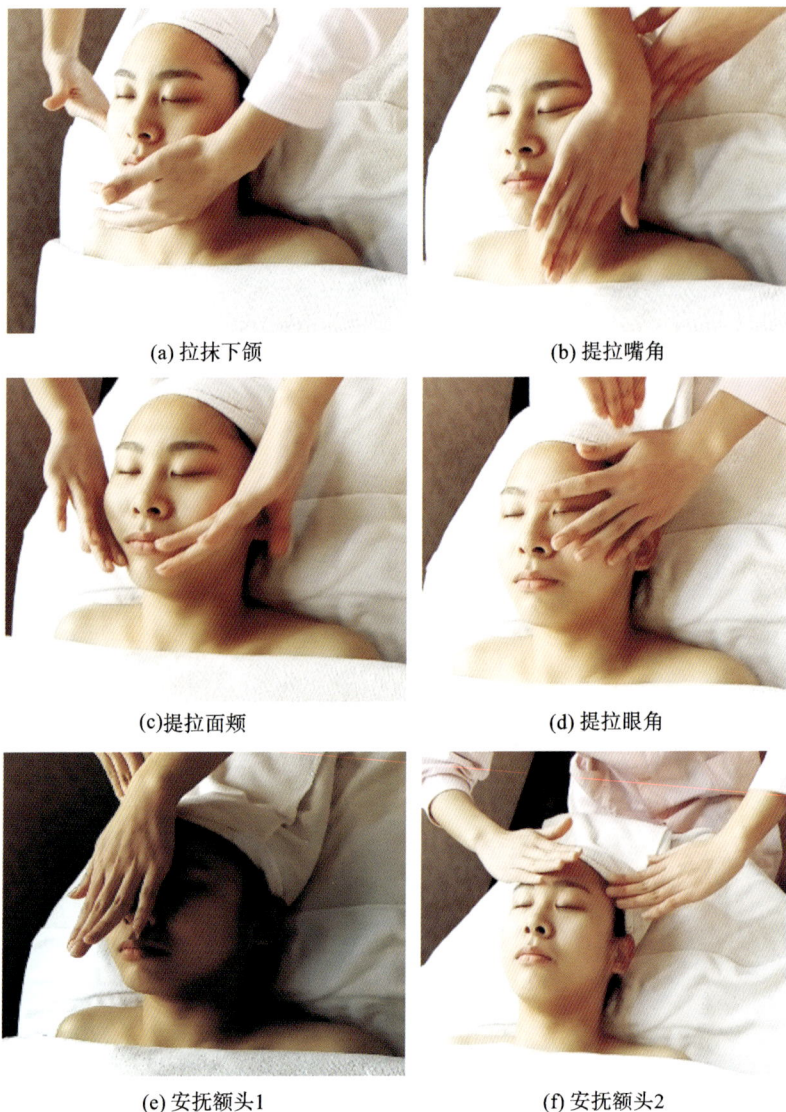

(a) 拉抹下颌

(b) 提拉嘴角

(c)提拉面颊

(d) 提拉眼角

(e) 安抚额头1

(f) 安抚额头2

图 3-33　面部按摩

5. 收势　由额部至前胸全面安抚（图 3-35）。

三、面部芳香疗法的注意事项

（一）精油的保存方法

（1）存放：精油一定要存放在具有遮光效果的深色玻璃瓶中，可减少 90％的紫外线照射，禁用塑料瓶存放精油，塑料的化学成分会破坏精油的品质。

（2）密封：为了避免精油氧化及快速挥发，密封保存是非常重要的。精油的瓶盖一定要拧紧，减少开启次数，若经常开启瓶盖，精油很容易因接触空气而变质。所以最好选择小包装精油。避免接触阳光及强光，阳光是精油的头号杀手，需绝对避免阳光照

Note

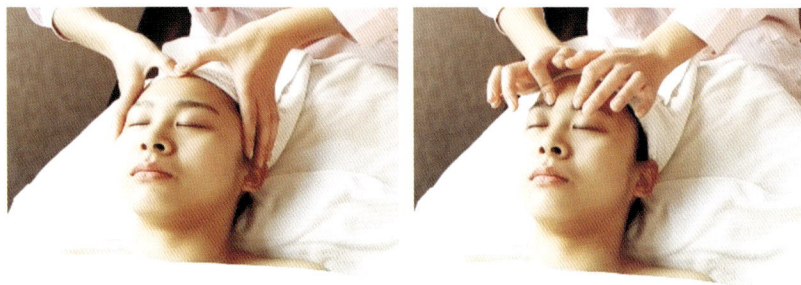

(a) 点压面部穴位1	(b) 点压面部穴位2

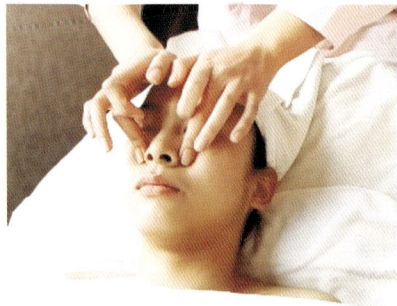

(c) 点压面部穴位3	(d) 点压面部穴位4

图 3-34　点压面部穴位

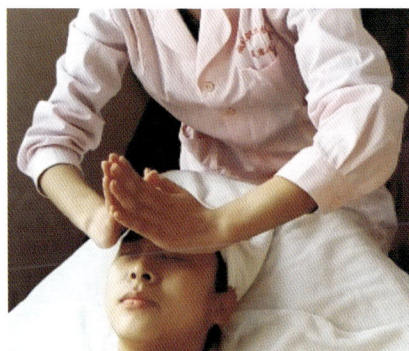
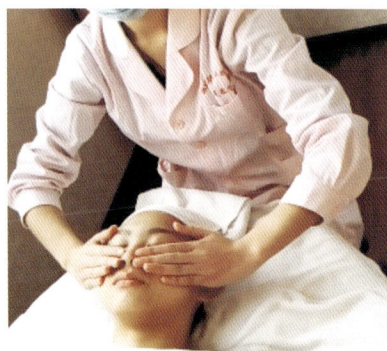

(a) 全面安抚1	(b) 全面安抚2

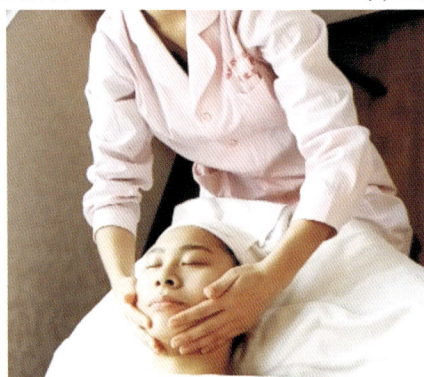

(c) 全面安抚3

图 3-35　收势

射,强度较高的日光灯、灯泡也应避免照射到精油。

(3)远离热气及高温:精油需置于干燥、阴凉的地方,不应离电器用品太近,更不能存放于厨房或浴室。

(4)注意存放温度:精油适宜的存放温度为18～30 ℃,最佳温度约为25 ℃,精油不可存放在冰箱内,温差太大会加速精油品质变化。

(5)避免强烈的震动:震动有可能会使精油变质。

(6)避免与药物、茶叶、活性炭存放在一起。

(7)最好将精油存放在木头盒子里:例如檀香木或者松木盒子。

(8)薰衣草精油氧化极快,易挥发,此类精油的瓶盖一定要拧紧,最好减少开启次数。

(二)使用精油的注意事项

(1)未经稀释的纯精油不能直接使用。紧急情况下,个别精油可以直接涂抹。如烫伤,可直接将薰衣草精油滴在烫伤部位。

(2)孕妇、婴幼儿、高血压患者、心脏病患者、癫痫患者不可使用酮、酚含量过高的精油,如鼠尾草、艾草、牛膝草、丁香、肉桂等。

(3)孕妇不可用具有通经作用的精油,如鼠尾草、茉莉、玫瑰、丝柏、艾草、茴香、罗勒、薄荷、马郁兰等。

(4)剂量是安全的关键,剂量越高效果不一定越好。如薰衣草有催眠效果,但是高剂量的薰衣草有提神作用,让人无法入睡。不安全的剂量会引发副作用及不良后果,因此任何情况下都要按照计算原则来调配精油。

(5)同一种精油不要持续使用超过3周,要数种精油交替使用。

(6)含呋喃香豆素的精油具有光敏性,使用后要避免阳光照射,以免引起黑色素沉着。

(7)如果是敏感皮肤,首次使用要做皮肤测试。

(8)精油不能取代药物。某些病症使用后若症状没有缓解,一定要及时就医。不可因使用芳香疗法而放弃治疗。

(9)气喘患者不宜采取蒸汽吸入法使用精油。

【任务评价】

通过本任务的学习了解不同类型的皮肤所用的精油有什么不同。

【相关知识】

芳香疗法的分类

(1)中医芳香疗法是指利用中药材的芳香性气味或其提取出的芳香精油,以各种形式作用于人体,达到调节脏腑气机,调和脏腑阴阳的作用。

(2)西医芳香疗法是指利用从植物材料(香草、花和其他芳香植物)中萃取的精油作为物质基础,以按摩、熏香、沐浴等方式,在舒适的氛围中帮助人体恢复健康的自然疗法。

扫码看答案

Note

同步测试

一、单选题

1.(　　)也称脱屑、去角质或去死皮,即去除皮肤角质层内衰老死亡的细胞,是常见的皮肤护理方法之一。

A. 卸妆 B. 深层清洁 C. 表层清洁 D. 敷面膜

2. 按摩时间不可太长,以( )分钟为宜。

A. 3~5 B. 5~10 C. 10~15 D. 15~20

3. 下列关于面部按摩的手法要求的表述不正确的是( )。

A. 持久、有力 B. 均匀 C. 柔和 D. 点穴以重为宜

4. 下列关于面膜作用的表述不正确的是( )。

A. 清洁 B. 营养 C. 紧致肌肤 D. 时尚流行

5. ( )提倡运用天然的护肤品及精油,通过对面部皮肤香熏、涂抹、按摩等方法,达到面部皮肤的保养美容及人体身、心、灵的整体疗愈。

A. 面部刮痧 B. 面部芳香疗法 C. 面部瑜伽 D. 面部拨筋

二、多选题

1. 完整的面部基础护理程序包括( )。

A. 准备工作 B. 清洁皮肤 C. 面部按摩 D. 敷面膜 E. 后续工作

2. 用物准备中包括( )。

A. 床位准备 B. 护理产品准备 C. 护理设备准备
D. 环境准备 E. 顾客准备

3. 皮肤清洁是护肤品吸收、取得良好护理效果的前提,具体包括( )。

A. 卸妆 B. 表层清洁 C. 深层清洁 D. 手部清洁 E. 脚部清洁

4. 面部按摩的基本原则是( )。

A. 按摩走向从下向上
B. 按摩走向从里向外
C. 按摩走向从中间向两边
D. 按摩方向与肌肉走向一致,与皮肤皱纹方向垂直
E. 按摩时尽量减少肌肉位移

5. 面部刮痧是根据刮痧治病原理派生出来的一种面部护理方法,是运用特质刮痧板,沿面部经络实施一定手法,刺激面部腧穴,达到( )的目的。

A. 行气活血 B. 舒缓皱纹 C. 提升紧致 D. 美白消斑 E. 排毒养颜

三、简答题

1. 面部刮痧有哪些作用?
2. 面部刮痧的注意事项有哪些?
3. 精油有哪些特点?
4. 精油的保存方法是什么?

💡 思政金句

如切如磋,如琢如磨。 ——《诗经》

执着专注,精益求精,一丝不苟,追求卓越。 ——习近平

Note

项目四

损容面部皮肤护理

【项目描述】

本项目主要介绍面部常见衰老性皮肤、色斑性皮肤、痤疮性皮肤、敏感性皮肤、毛细血管扩张性皮肤和晒伤皮肤的概念、分类、成因、分析诊断及护理原则。学生通过本项目的学习,具备分析诊断面部常见损容皮肤和设计护理方案的能力。

【项目目标】

(1) 知识目标:了解和熟悉面部常见损容皮肤的类型、特点、概念、成因与表现。

(2) 能力目标:掌握面部常见损容皮肤的分析诊断和护理方案的设计。

(3) 素质目标:激发学生的爱国情怀、提升职业道德、提高自我修养,塑造服务精神。

视频:项目四
任务一 衰老
性皮肤护理

任务一 衰老性皮肤护理

【任务描述】

本任务学习的内容有皮肤衰老的概念、衰老性皮肤的成因与表现、衰老性皮肤护理方案。

【任务目标】

(1) 了解皮肤衰老的概念。

(2) 熟悉衰老性皮肤的成因与表现。

(3) 掌握衰老性皮肤的护理方案。

【任务实施】

人出生后皮肤组织日益发达,功能逐渐活跃,当到达一定年龄就开始慢慢退化。皮肤组织的成长期一般在 25 岁左右结束,此期称为"皮肤的弯角"。此后,皮肤组织生长与老化同时进行,皮肤弹力纤维渐渐变粗。40~50 岁进入初老期,皮肤老化逐渐明显,老化程度因人而异。

一、衰老的概念

衰老是生物随着时间的推移,自发的必然过程,它是复杂的自然现象,表现为结构和功能衰退,适应性和抵抗力减退。人体皮肤老化是指皮肤在外源性或内源性因素的影响下引起的皮肤外部形态、内部结构和功能衰退。衰老性皮肤如图 4-1 所示。

Note

图 4-1　衰老性皮肤

二、衰老性皮肤的成因与表现

1. 衰老性皮肤的成因

（1）皮肤衰老的外在因素：

①紫外线的伤害：紫外线损伤又称光老化，是造成皮肤老化的主要因素之一。

②重力的作用：由于重力的作用，使自然老化松弛的皮肤加速下垂。

③错误的保养：使用过热的水洁面，过度的按摩和去角质，使用劣质的化妆品等，均会使皮脂含量减少，角质层受损，丧失对皮肤的保护和滋润作用，皮肤老化加快。

④不良生活习惯：过于丰富的面部表情，如挤眉弄眼、皱眉、眯眼等；不适当的快速减肥或缺乏锻炼；不当的饮食造成肥胖或消瘦，经常接触刺激性的食物，如酒、咖啡等；长期熬夜，过度疲劳。

⑤恶劣的生活环境：空气污染、汽车排放废气和化工厂排放刺激性气体影响皮肤的新陈代谢；噪声影响听力、伤害神经系统，也会造成衰老；香烟的烟雾会损耗体内的维生素 C 而影响皮肤胶原纤维，致使皮肤松弛；空气干燥会使皮肤中的水分流失过快，导致皮肤粗糙、产生皱纹；寒风、强冷刺激也会导致血管收缩，皮脂、水分减少而导致皮肤提前老化。

（2）皮肤衰老的内在因素：

①年龄增加：随着青春期结束，皮肤的生理机能便开始降低。

②植物性神经功能紊乱：生活节奏加快，工作压力大，家庭纷争均可引起植物性神经功能紊乱，导致内脏功能异常、失眠等，进而引起皮肤早衰。

③内脏机能病变：肝脏具有参与物质代谢、解毒、助消化等多种功能，若有病变将影响人体新陈代谢；肾是人体内重要的排泄器官，若肾脏病变，发生功能障碍，体内的有害物质不能及时排出，会妨碍机体新陈代谢；心脏功能不全，不能及时将氧气和营养物质通过循环系统带给身体各部位，会造成营养不足进而影响皮肤新陈代谢。这些有害因素均会导致皮肤老化、色素沉着。

④内分泌紊乱：内分泌系统是调节人体新陈代谢、生长繁殖的重要系统。内分泌腺通过分泌激素来调节代谢，如雄激素和肾上腺皮质激素能刺激皮脂腺生长、增殖与分泌，使皮肤保持滋润与光滑；雌激素则可使皮下脂肪丰厚，维持皮肤弹性等。当激素分泌减少，皮肤机能便逐渐衰退，皮肤萎缩，失去光泽，更年期妇女尤为明显。

Note

2. 衰老性皮肤的表现

(1) 皮肤组织衰退:

①皮肤变薄:皮肤厚度随着年龄的增加而有明显的改变。20岁时人的表皮最厚,以后表皮的增殖能力减退,到老年期颗粒层可萎缩至消失,棘细胞生长周期缩短,表皮逐渐变薄。

②肤色变化:皮肤的色素调节会造成黑色素增加,脂褐质沉积而产生黑斑;由于黑色素细胞退化,而产生色素脱失,呈雨滴状白点;表皮细胞不正常的角化,会产生脂溢性角化病或俗称的"老人斑"。

③失去光泽:角质层细胞脱落减慢,产生不规则角化,已衰老死亡的细胞堆积于表皮角质层,使得皮肤表面粗糙不光滑。

④失去弹性:真皮结缔组织在30岁时最厚,以后逐渐变薄并伴有萎缩。皮下脂肪减少,弹性纤维与胶原纤维逐渐失去弹性和张力,导致皮肤松弛与皱纹的产生。

⑤失去血色:真皮层变薄,真皮乳头层的血管减少,血流量降低,皮肤缺乏红润色泽,出现萎黄。

(2) 生理功能低下:

①皮脂腺、汗腺功能衰退,皮脂与汗液排出减少,皮肤逐渐失去昔日光泽而变得干燥。

②血液循环功能减退,不足以补充皮肤必要的营养,因此老年人皮肤伤口愈合难。

总之,衰老性皮肤是由于表皮、真皮交界处、真皮及附属器发生退行性改变,导致皮肤形态、弹性、色泽等方面的改变,外观特征主要表现为皮肤干燥、粗糙、无光泽、皱纹增加、松弛下垂伴随黑斑、老年斑、毛细血管扩张、血管瘤等。

【相关知识】

皮肤皱纹的分类

1. 自然性皱纹　多呈横向弧形,与生理性皮肤纹理一致。自然性皱纹与皮下脂肪堆积有关,伴随年龄增大皱纹逐渐加深,纹间皮肤松垂。如颈部的皱纹,为了颈部能自由活动,此处的皮肤会较为充裕,自然形成一些皱纹,甚至刚出生就有。早期的自然性皱纹不表示老化,只有逐渐加深、加重的皱纹才是皮肤老化的象征。

2. 动力性皱纹　面部表情肌与皮肤相附着,表情肌收缩,皮肤与表情肌垂直的方向上会形成皱纹,即动力性皱纹。动力性皱纹是表情肌的长期收缩所致。早期只有表情肌收缩,皱纹才出现,后期表情肌不收缩,动力性皱纹亦不减少。如长期额肌收缩产生前额横纹,在青年即可出现;而鱼尾纹是眼轮匝肌的收缩作用所致,笑时尤甚,也称"笑纹"。

3. 重力性皱纹　重力性皱纹是在皮肤及深面软组织松弛的基础上,外加重力的作用而形成皱襞和皱纹,重力性皱纹多分布在眶周、颧弓、下颌区和颈部。

4. 混合性皱纹　由多种原因引起,机制较复杂,如鼻唇沟、口周的皱纹。

从皱纹的形态上可以分为假性皱纹和定性皱纹。

(1) 假性皱纹:面部出现的不稳定的、可自行消退的皱纹。

(2) 定性皱纹:已经形成的具有稳定性的皱纹,是由于皮肤的胶原蛋白和弹性纤维性能下降造成。

三、衰老性皮肤的护理方案

1. 护理原则

（1）为皮肤补充充足的养分和水分。

（2）清洁皮肤要彻底，防止残留污物侵害皮肤。清洁产品性质要温和，避免造成皮肤的天然油分流失。

（3）生活规律，解除精神上的压力，减少不良的刺激因素。注意防晒，防止皮肤老化。

（4）注意合理饮食，定期养护。

（5）如有内脏病变，应先积极进行治疗，再配合皮肤养护。

2. 护理程序

（1）清洁面部：使用干性皮肤适用的滋润轻柔的清洁霜或洁面乳进行面部清洁，避免使用泡沫型的洁面膏，防止过度的清洁而产生皮肤脱水现象。

（2）爽肤：使用保湿滋润型的柔肤水爽肤 2～3 遍。

（3）观察、分析皮肤。

（4）喷雾：选择热喷 3～5 min，可以达到补充水分和舒展皱纹的作用。禁止使用奥桑喷雾仪。

（5）去角质：去除角质层老死细胞。衰老性皮肤建议 2 个月做一次去角质。由于衰老性皮肤的角质层含水量下降，皮肤的新陈代谢减慢，因此需选择去角质啫喱进行去角质，在去角质的同时可以给皮肤补充水分。

（6）面部按摩：选择滋润度高的按摩膏，按摩 10～15 min，提高皮肤的温度，促进血液循环，为皮肤补充氧气和养分。

（7）仪器护理：利用超声波美容仪导入具有补水去皱、淡化色素、抗衰老等作用的精华素，时间为 5～8 min；射频美容仪可以拉紧皮下深层组织和收紧皮肤，使下垂或松弛的面部皮肤达到提升的效果。

（8）敷面膜：使用具有抗衰、去皱、补水、滋养功能的面膜，可选择海藻、人参、鹿茸、珍珠等补水去皱的面膜。敷面膜时间为 15～20 min。

（9）爽肤：使用保湿滋润型的柔肤水爽肤 2～3 遍。

（10）基本保养：使用可以滋养皮肤的精华液、乳液、面霜、防晒和隔离霜。

（11）后续工作：告知顾客居家保养方法，预约下次到店时间，书写护理记录，归还用物，环境整理，做好跟踪服务。

3. 预防

（1）衰老性皮肤日常护理洁面时，可冷热水交替进行，以增加皮肤血液循环。

（2）避免外界因素（如风、霜、雪、紫外线等）对皮肤的直接伤害。

（3）合理、正确选用化妆品和护肤品。

（4）饮食营养均衡，干性皮肤应增加蛋白质、维生素等物质的摄入。

（5）生活规律，保持充足的睡眠，并适当进行体育锻炼，劳逸结合，不抽烟酗酒。

（6）定期到美容院进行皮肤护理。

（7）改变大笑、皱鼻、皱眉、眯眼等不良习惯。

（8）面部按摩手法要轻柔、缓慢、服帖，不得过度牵拉皮肤。

任务二　色斑性皮肤护理

【任务描述】

通过学习色斑性皮肤的形成原因、分类及其主要表现,从而科学地、有针对性地制订相应的护理方案,起到改善和预防皮肤问题的作用。

【案例导入】

张某,女,45岁。26岁怀孕期间面部颧骨区域出现色斑,生完孩子后未见好转。面部皮肤干燥、触之粗糙、肤色较晦暗,色斑对称分布在颧骨两侧,边界清晰,呈褐色。两颊可见毛细血管,易敏感,偶尔出现红肿、痒、灼热感。

问题:

（1）该顾客面部色斑属于哪种类型?形成的主要原因有哪些?

（2）请为她设计科学合理的护理方案。

（3）作为美容师或顾问,可给予哪些日常生活护理建议?

【任务目标】

（1）了解色斑性皮肤的成因。

（2）能够准确描述色斑性皮肤的表现。

（3）掌握色斑的概念及色斑性皮肤的分类。

（4）掌握色斑性皮肤的护理及预防。

【任务实施】

一、色斑的概念

色斑是多种因素影响所致的皮肤黏膜色素代谢失常,色素沉着,是生活中常见的面

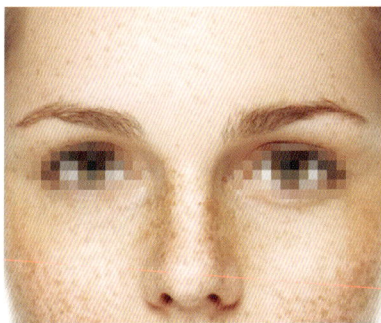

图 4-2　色斑性皮肤

部损容皮肤问题。色斑包括雀斑、黄褐斑、黑斑、老年斑、色素痣、炎症后色素沉着,属色素障碍性皮肤病。色斑性皮肤如图 4-2 所示。

二、色斑性皮肤的成因、分类与表现

（一）色斑性皮肤的成因

1. 遗传因素　常染色体遗传是色斑的主要成因。淡褐色至黄褐色针尖到米粒大小的斑点对称分布在面部,特别是鼻部。

2. 紫外线照射　日光中的紫外线照射是色斑形成的重要原因。当皮肤接受过多日光照射时,表皮就会产生更多的黑色素颗粒,引起色素沉着。

3. 内分泌失调　经期和妊娠期体内的性激素水平变化,可以影响黑色素的产生。另外,内分泌不稳定时通常引起情绪不稳定,也会间接导致色斑形成。

4. 不良生活习惯　压力大、偏食、睡眠不足等不良生活习惯也会令黑色素增加。

5. 化妆品使用不当　使用含有重金属铅、汞、砷类化妆品。

（二）色斑性皮肤的分类与表现

1. 雀斑　雀斑又称为夏日斑，是极为常见的，发生在日光暴晒部位，如面部或颈、手背、鼻、臂、胸及四肢等部位，常见于鼻和两颊。雀斑一般是浅咖啡色、棕色、褐色或褐黑色斑，如针头、绿豆大小，直径一般在 0.5 mm 以下。雀斑呈圆形或椭圆形，常对称或分散分布，且受气温影响。夏天颜色深，数目增多；冬天颜色变浅，数目减少。雀斑还与遗传有关。

2. 黄褐斑　黄褐斑是面部常见的局限性淡褐色或黄色色素沉着斑。成年女性多见，好发于育龄期妇女。黄褐斑呈对称性分布，在面颊部形成蝴蝶状，遍及前额、颧部、颊部，偶见于颏和上唇部。黄褐斑边缘清楚，与邻近斑块趋向融合，无任何主观上的不适感，在中医上也被称为"鳘黑斑""肝斑""妊娠斑""蝴蝶斑"。

3. 黑斑　黑斑多见于面颊、前额、颈、手背、前臂、脐等处。如针头、米粒大小，呈点状、网状、片状的黑斑，较黄褐斑色重而浓，在中医上被称为"面尘"。

4. 老年斑　老年斑呈黄褐色，斑点较雀斑稍大，常发生在太阳照射的部位，尤其是手背、手臂、双颊和前额。

5. 色素痣　色素痣又称痦子，很常见。主要表现为局限性淡黑色、暗黑色或黑色斑疹，大小不等，形状不一，有些痣上有黑色短毛，常常是幼年开始出现，可长在身体的任何部位。

6. 炎症后色素沉着　化妆品使用不当、纹饰术或炎症消退等因素导致的局部皮肤色素沉着，呈浅褐色或深褐色，散状或片状分布，表面平滑。

【相关知识】

色斑形成的原理

色斑是黑色素在皮肤浅表层的沉淀，由于内分泌失调，皮肤代谢不畅导致黑色素不能有效排出而形成的。

黑色素是人体内的一种蛋白质，存在于皮肤基底层的细胞中间，不是真正意义上的黑色素，而是一种黑色素原生物质，也被称为色素母细胞。色素母细胞分泌麦拉宁色素，当紫外线（B 波、A 波）照射到皮肤上（B 波即 UVB 作用于皮肤基底层，A 波作用于皮肤的真皮层），皮肤就会处于"自我防护"的状态，紫外线刺激麦拉宁色素，激活酪氨酸酶的活性，来保护皮肤细胞。酪氨酸酶与血液中的酪氨酸发生反应，生成一种叫"多巴"的物质。多巴是黑色素的前身，经酪氨酸氧化而成，释放出黑色素。黑色素又经由细胞代谢，层层移动，到了表皮层形成色素沉着，即为色斑。

（三）色斑性皮肤护理方案

1. 护理原则

（1）根据色斑形成的原理尽量减少黑色素形成，阻断黑色素形成的各个阶段，防止黑色素过量产生。

（2）加强按摩，促进新陈代谢，增加血液循环，淡化色斑。

（3）防止紫外线的照射，为皮肤补充充足的油分和水分，谨慎选择化妆品。

（4）积极治疗身体内部疾病，保持良好的精神状态，饮食均衡，多吃富含维生素 C、B

Note

族维生素的食物,正确使用护肤品。

(5) 保证睡眠,调节情绪,保持心情舒畅。

2. 护理程序

(1) 清洁面部:使用含有美白成分的洁面乳洁面。

(2) 爽肤:使用美白柔肤水爽肤 2~3 遍。

(3) 观察、分析皮肤。

(4) 喷雾:慎用热喷,热喷时间为 5~8 min。禁止使用奥桑喷雾仪,以免再造成色素沉着。

(5) 去角质:选择去角质霜或去角质啫喱进行全脸深层清洁,可加速黑色素的代谢速度,促进祛斑精华素的吸收。

(6) 面部按摩:选择滋润度高的按摩膏或用美白精华素按摩 10~15 min。按摩可以促进皮脂腺的分泌,色斑部位采用震颤法可激活维生素 C,加大其淡化色斑的效果。

(7) 仪器护理:利用超声波美容仪导入美白祛斑精华素,采用低挡位。导入时间为 5~8 min。光子嫩肤仪祛斑效果更为明显。

(8) 面膜:使用美白祛斑面膜,配合热敷效果更佳。敷面膜时间为 15~20 min。

(9) 爽肤:使用美白柔肤水爽肤 2~3 遍。

(10) 基本保养:使用可以美白、滋润、祛斑、营养皮肤的营养霜和防晒霜。

(11) 后续工作:告知居家保养方法,预约下次到店时间,书写护理记录,归还用物,环境整理。做好跟踪服务。

【相关知识】

色斑的位置与成因

(1) 额头的斑点:内分泌失调。

(2) 眼皮的斑点:内分泌失调,流产次数多。

(3) 太阳穴、眼尾的斑点:甲状腺功能减退、妊娠、更年期;神经质;长期心理压抑。

(4) 鼻下的斑点:妇科疾病、处女斑。

(5) 眼睛皱纹的斑点:妇科疾病,流产次数多,情绪不稳定。

(6) 两颊的斑点:肝肾功能失调,日晒,更年期,老年斑。

(7) 下颚的斑点:妇科疾病,白带多,对化妆品过敏。

3. 预防

(1) 避免电离辐射,电离辐射比日光照射对皮肤的损伤还要大。

(2) 做好防晒,皱纹和斑点大部分都是由于光老化引起。

(3) 色斑与疾病有关系,若身体有疾病应及时医治,尤其是妇科病,如乳腺增生、月经不调等。对于各种皮肤创伤,一定要谨慎治疗。

(4) 保持营养均衡,注意各种维生素的均衡摄入。

(5) 对于激素类产品要慎用,不要使用含汞、铅等有害物质的祛斑产品。

(6) 保持心情舒畅,精神愉快,避免忧思恼怒,并保持充足的睡眠。

(7) 改善微循环,调节内分泌,激活细胞活力,促进新陈代谢,增强营养物质吸收,疏通经络,平衡阴阳,调和气血。

任务三 痤疮性皮肤护理

视频:项目四
任务三 痤疮
性皮肤护理

【任务描述】

全面学习痤疮性皮肤的相关医学基础知识,具备分析、诊断痤疮问题及设计护理方案的能力,能够为痤疮性皮肤实施科学且规范的护理。

【任务导入】

介绍痤疮的概念、成因、临床表现及分型,在此基础上,掌握痤疮性皮肤的分析诊断、护理方案的制订及特殊养护和仪器护理。

【任务目标】

(1)掌握痤疮性皮肤的分析诊断和护理方案的制订。

(2)熟悉痤疮的概念、成因、临床表现、特殊养护和仪器护理。

(3)了解痤疮的类型与特点。

【任务实施】

一、痤疮的概念

痤疮,俗称青春痘、粉刺、暗疮,是青春期常见的一种毛囊皮脂腺慢性炎症性疾病,皮损主要表现为粉刺、丘疹、脓疱、结节、囊肿及瘢痕,好发于面部、前胸、后背等皮脂溢出部位。

二、痤疮的病因、诱因及发病机制

痤疮的发生是多种因素共同作用的结果。

(一)痤疮的病因

(1)遗传:先天性皮脂腺腺体肥大及功能亢进。

(2)雄激素分泌过多。

(3)皮脂腺分泌增加。

(4)毛囊皮脂腺导管异常角化。

(5)痤疮丙酸杆菌增殖。

(二)痤疮的诱因

饮食、药物、化妆品、环境、胃肠功能失调、精神因素、疾病、卫生习惯不良等都会诱发和加重痤疮。

(三)痤疮的发病机制

由于遗传或青春期雄激素分泌增多等原因,导致皮脂腺分泌增加及毛囊口过度角化,皮脂排泄不畅,淤积于毛囊中而形成皮脂栓,即粉刺,毛囊口被皮脂栓堵塞而使毛囊形成相对缺氧的环境,有利于毛囊内寄生的厌氧菌——痤疮丙酸杆菌繁殖,并分解皮脂,产生游离脂肪酸,刺激毛囊壁及周围组织出现炎性反应,形成炎性丘疹、脓疱、结节、囊肿等皮肤损害。

三、痤疮的表现与分型

痤疮多见于15~30岁青年男女,皮损主要发生于面部,尤其是前额、两颊、颏部,其

Note

次是前胸、背部及肩部,多对称分布,伴有皮脂溢出、毛孔粗大,炎症重、病程长者常伴有色素沉着。

（一）痤疮的皮损表现

1. 粉刺　粉刺为痤疮初起皮损,属于非炎性损害,有白头粉刺及黑头粉刺两种:①白头粉刺:亦称闭合性粉刺,为皮色丘疹,针头大小,毛囊口不明显,不易挤出皮脂栓。②黑头粉刺:亦称开放性粉刺,粉刺中央为明显扩大的毛孔,皮脂栓堵塞于毛囊口,表面因皮脂氧化而呈黑色,较易挤出有黑头的黄白色脂栓。

2. 丘疹　当粉刺周围由于微生物引起炎性反应时,可表现为红色丘疹,丘疹一般位于毛囊的顶部,中央可有变黑的脂栓,为毛囊皮脂腺浅层炎性反应,处理得当,预后一般不留疤痕。

3. 脓疱　表现为脓疱和炎性丘疹,炎性丘疹中央可见白色或淡黄色脓疱,破溃后可流出黏稠的脓液,属于毛囊皮脂腺浅层炎性反应,继发其他细菌感染所致。处理得当,预后一般不留疤痕。

4. 结节　表现为淡红色或暗红色、质地较硬的结节,皮损位于皮下或高于皮面,初期触摸时疼痛明显,为毛囊皮脂腺深层的炎性损害,结节化脓破溃后,通常会将炎症扩散到邻近的毛囊皮脂腺,预后易留色沉和疤痕。

5. 囊肿　囊肿为相邻毛囊皮脂腺深层及周围炎性反应,炎症导致皮脂腺相互穿通、融合成较大囊腔,表现为大小不等的圆形或椭圆形囊肿,暗红色,按之有波动感,囊肿会随时间慢慢扩大、膨胀而使囊壁变薄,容易破溃而形成窦道,反复溢出带血的黏稠脓液或黏液性浆液,脓液中会混合游离的白色皮脂栓,炎症持续时间较长,愈后会留凹陷性瘢痕或增生性瘢痕。

6. 瘢痕　当炎症使真皮或深部组织遭到破坏时,组织修复和愈合后会形成瘢痕,痤疮瘢痕可分为以下三种。

（1）表浅性瘢痕:表现为小环状或线状表浅的瘢痕,瘢痕较柔软、平整,随时间延长会逐渐变平。

（2）萎缩性瘢痕:表现为不规则、较浅的凹陷性瘢痕,也称冰锥样瘢痕,瘢痕处皮肤变薄、柔软而发亮。萎缩性瘢痕多为炎性丘疹、脓疱损害吸收后或处理不当而留下的瘢痕,不治疗将伴随终身。

（3）增生性瘢痕:表现为增生明显而隆起的坚实损害,呈粉红色、紫红色或肤色,表面光滑,无皮纹,亦无毛发等皮肤附属器。常发生于面颊两侧、下颌、颈、肩、背、胸部。增生性瘢痕还包括瘢痕疙瘩,见于瘢痕体质者,其皮肤炎症损伤或外伤后结缔组织会大量增生而形成蟹足状的坚硬结节和斑块,损害超过原来创伤的范围。

（二）痤疮的分型

1. 根据皮损性质及严重程度可将痤疮分为 3 度和 4 级

（1）轻度（Ⅰ级）:仅有粉刺。

（2）中度（Ⅱ级）:粉刺＋炎性丘疹,局限于面部。

（3）中度（Ⅲ级）:粉刺＋炎性丘疹＋脓疱,分布于面部、颈部和胸背部。

（4）重度（Ⅳ级）:在Ⅲ级皮损基础上,还有结节、囊肿,伴有瘢痕形成,发生于上半身。

2. 根据主要皮损的形态和特点,可将痤疮分为不同的临床类型(图 4-3)

(1) 寻常型痤疮:最常见的痤疮类型,以粉刺、丘疹及脓疱为主,病程长,时轻时重。

(2) 聚合型痤疮:较严重,皮损以结节、囊肿为主,可形成窦道、瘢痕。

(3) 恶病质型痤疮:皮损为小米至黄豆大的紫红色丘疹、脓疱或结节,黑头粉刺不多,经久不愈。多并发于贫血、结核病或其他全身性疾病。

(4) 爆发型痤疮:以青年男性多见,是一种病情严重的特殊类型,基本上不表现于面部,好发于躯干部位,常伴有发烧、体重下降、贫血、白细胞增多、血沉升高等表现。

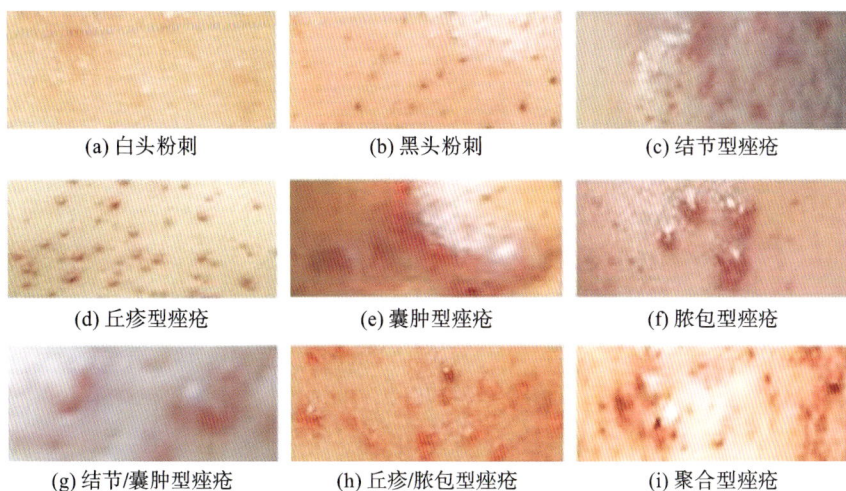

(a) 白头粉刺　　　　(b) 黑头粉刺　　　　(c) 结节型痤疮

(d) 丘疹型痤疮　　　(e) 囊肿型痤疮　　　(f) 脓包型痤疮

(g) 结节/囊肿型痤疮　(h) 丘疹/脓包型痤疮　(i) 聚合型痤疮

图 4-3　痤疮

四、痤疮性皮肤的护理方案

(一) 护理原则

(1) 清洁皮肤,去除表皮的坏死细胞,抑制皮脂腺过度分泌,保持毛孔通畅。

(2) 及时清除白头和黑头粉刺。

(3) 对已发炎的皮肤进行消炎、杀菌。

(4) 中、重度痤疮需配合内服和外用药物治疗,并注意饮食调节和自我护理。

(二) 护理程序

1. 卸妆　先用卸妆液卸除面部彩妆(建议顾客少化妆)。

2. 清洁　选用油性皮肤适用的控油洁面乳/泡沫/凝胶洁面(眼部除外),发炎处清洁动作轻柔,时间 2～3 min。

3. 爽肤　用棉片蘸清爽型爽肤水清洁面部 2～3 次,平衡 pH 值。

4. 观察皮肤　观察皮损部位、类型、毛孔状态、皮脂分泌情况等。

5. 蒸面　用棉片盖住眼睛,距离 25 cm 左右,开臭氧灯热喷 5～8 min,炎症较重或面部易充血者宜采用冷喷 20 min,可起镇静、收敛作用。

6. 去角质　选用去角质霜去除老化角质细胞(痤疮部位不做、炎症重者不做)。

7. 清理粉刺　先用 75% 酒精消毒,再用无菌暗疮针清除白头或黑头粉刺及成熟脓疱,再次消毒皮肤。

8. 仪器护理　红蓝光照射 10～15 min,或超声波导入治疗痤疮药物 10～15 min。

9. 面部按摩　使用清爽型按摩介质或暗疮膏;以点穴按摩和淋巴引流按摩手法为

Note

主,时间 5～10 min;避开炎性痤疮部位,严重者不做按摩。

10. 敷面膜　使用针对痤疮的功效性面膜或冷膜,若用冷膜,可先涂消炎膏或清热消炎中草药再敷面膜。

11. 爽肤　使用消炎、镇静或平衡油脂的爽肤水或者痤疮消炎水爽肤 2～3 遍,可收敛毛孔,平衡油脂。

12. 基本保养　使用痤疮膏/水分乳液润肤;涂防晒乳液。

13. 后续工作　告知顾客居家保养方法,预约下次护理时间,书写护理记录,归还用物,环境整理。做好跟踪服务。

(三)特殊养护和仪器护理

1. 清理粉刺和脓疱

(1)用物准备:暗疮针、酒精棉球、无菌持物钳、无菌敷料罐、碗、盘。

(2)适应证:适用于清理白头或黑头粉刺。当脓疱成熟时,可以用暗疮针进行挑刮,将脓性分泌物排出,以防止感染向深层发展。

(3)操作方法:

①用 75% 酒精消毒局部皮肤。

②清理白头或黑头粉刺:将暗疮针一端的圆环用酒精消毒后,罩住白头或黑头粉刺周围皮肤,由轻到重向下施压,待看到粉刺内容物从毛囊口冒出后,圆环稍向粉刺一侧施压,再平移圆环,将粉刺内容物刮出。同法清理其他粉刺。如毛囊口闭合,可用暗疮针将毛囊口打开再清理。

③清理脓疱:选择在脓疱顶端最白最薄处进针,暗疮针应与皮肤平行进针,迅速刺破,迅速拔出,不必穿透整个脓疱(切忌与皮肤成垂直角度进针,否则容易导致炎症向深层扩散,并将脓疱下层脂质栓推向深处而无法将粉刺内容物彻底刮出)。刺破脓疱后,用酒精消毒暗疮针另一端的圆环,将圆环罩住脓疱并轻轻向进针部位的对侧皮肤施压,向针孔处平移圆环,使脓疱内容物顺针孔刮出,达到清除脓血和皮脂栓的目的。

(4)注意事项:

①遵守无菌操作,清理前后对局部皮肤消毒,暗疮针需严格消毒,做到一人一用一消毒,避免交叉感染。

②严格掌握清理指征:只能清理白头或黑头粉刺和成熟的脓疱,禁止清理红肿的炎性丘疹、结节及囊肿,以免导致炎症扩散。

③压刮的时候不可过于用力,以免造成出血;出血部位可以用共鸣火花作短时间电疗,以消炎、杀菌、止血。

④挑、刮后的创面按摩时要避开;爽肤前,面部应用酒精或生理盐水再消毒一次。

2. 红蓝光治疗　炎症重者选择红光照射 10～15 min,皮脂分泌旺盛、粉刺较多者可选择蓝光照射 10～15 min,或红蓝光交替照射,可达到消炎、杀菌、控油、促进创面愈合的目的。

3. 超声波导入

(1)适应证:粉刺、脓包、丘疹、结节等皮损的恢复期。

(2)操作方法:

①清洁面部皮肤。

②清除化脓部位的脓液,并用 3% 双氧水彻底杀菌。

③开启电源,调节时间与强度。

④将治疗痤疮的药物均匀涂抹至全脸。

⑤用超声头导入 8～10 min。

⑥治疗结束后,关闭仪器。可直接在面部敷冷膜或洗净后敷暗疮膜。若不敷面膜,将面部残留的药物稍微清理一下,即可结束护理。

（3）注意事项:

①对化脓部位处理后,视感染轻重、创面大小,涂擦 3‰ 双氧水彻底杀菌,以免超声导入时,尚残留脓性分泌物。

②导入的药物应以乳剂、霜剂为宜,以保证超声头与皮肤之间有良好的接触与耦合。

③全脸导入不超过 15 min,时间过长会导致热损伤,影响疗效。

④导入过程中应询问顾客感觉,如治疗局部过热或疼痛,应降低强度以免发生烫伤。

⑤在眼周导入时,声波方向不要直对眼球,以免造成眼球的损伤。

⑥疗程设置:隔日 1 次或每周 2 次,特别严重者,也可以每天 1 次,一般 10 次为一个疗程,疗程之间间隔 1～2 周。

（四）预防

（1）保持面部清洁,每日用温水及控油型清洁产品洁面 2～3 次,洁面时可用毛巾轻轻擦拭皮肤,让淤积的皮脂从皮肤排出。洁面次数不宜过多,以免破坏正常的皮脂膜。

（2）日常护理可选用具有祛痘、控油、保湿功效的医学护肤品,油性皮肤多补充水分可达到平衡油脂分泌、改善油性皮肤的作用。避免使用油脂类、粉类化妆品,禁用含有糖皮质激素的软膏及霜剂,慎用防晒霜,以免堵塞毛孔,导致细菌感染,从而加重炎症。

（3）炎性痤疮应在医生指导下外用或口服消炎药治疗。忌用手挤压和搔抓炎性痤疮,以免炎症扩散,愈后遗留瘢痕。

（4）调理胃肠功能,多食蔬菜水果及富含维生素 A、维生素 C、维生素 B₆ 和纤维素的食物,保持大便通畅。忌食高脂、高糖、辛辣刺激性食物和饮料。

（5）劳逸结合,保持心情舒畅和充足的睡眠,使面部肌肉得到有效的放松与自我修复。

【任务评价】

痤疮是青春期常见的损容皮肤问题,其皮损具有多样性,且病程慢,容易复发,愈后易遗留色素沉着和瘢痕,掌握痤疮皮肤的相关医学基础知识和科学的护理方法,能够为顾客解决痤疮困扰,维护皮肤健康和美丽。

【相关知识】

痤疮的医美治疗

（1）皮肤护理:日常应用具有祛痘、控油、保湿功效的医学护肤品进行皮肤护理。有粉刺者,在清洁皮肤后,用特制粉刺挤压器将粉刺内容物挤出,伴脓疱者,用超声波导入消炎杀菌剂,配合相应药物做石膏倒模或其他面膜。

（2）皮损内注射:适用于炎性结节和囊肿型痤疮以及增生性瘢痕的治疗。常用去炎松混悬液注入结节、囊肿或瘢痕中,每周 1 次。

（3）联用红、蓝光照射:适用于轻、中度伴炎性皮损的痤疮。2～3 次/周,4 周为一个疗程。

（4）刷酸治疗:包括超分子水杨酸和果酸换肤,适用于轻、中度痤疮及痘印的治疗。

Note

（5）光动力治疗：光敏剂与红光相结合治疗中、重度痤疮，可预防复发。术后需避光48 h，以免产生光毒反应。

（6）强脉冲光及激光治疗：强脉冲光用于治疗痤疮早期炎性丘疹及后期炎性红斑和色沉；CO_2点阵激光可用于治疗炎性痤疮及萎缩性瘢痕。

（7）其他治疗：中医外治疗法，如针灸、火针、耳穴放血疗法、自血穴位注射、中药熏洗等。

任务四　敏感性皮肤护理

视频:项目四 任务四　敏感性皮肤护理

【任务描述】

学习敏感性皮肤的相关医学基础知识，具备分析诊断敏感性皮肤及设计护理方案的能力，能够为敏感性皮肤实施科学且规范的护理。

【任务导入】

介绍敏感性皮肤的概念、成因、临床表现，在此基础上，掌握敏感性皮肤的分析诊断、护理方案的制订及预防措施。

【任务目标】

（1）掌握敏感性皮肤的分析诊断和护理方案。

（2）熟悉敏感性皮肤的概念、成因、临床表现及预防。

（3）了解敏感性皮肤化妆品的选择原则。

【任务实施】

一、敏感性皮肤的概念

敏感性皮肤是指皮肤比较脆弱敏感，对环境变化和环境刺激的阈值降低，受到灰尘、花粉、宠物毛发、化妆品中的某些成分的刺激后，容易产生瘙痒、灼热、疼痛、红斑、丘疹、水疱甚至水肿、糜烂或渗出等过敏症状，其皮肤往往较薄，多伴有毛细血管扩张（图 4-4）。

图 4-4　敏感性皮肤

二、敏感性皮肤的成因与表现

（一）敏感性皮肤的成因

皮肤的脆弱敏感是由于皮肤屏障（由角质层和皮脂膜构成）过于薄弱，使皮肤对外来刺激失去了防御能力，导致皮肤神经末梢经常受到外界刺激而反应亢进，从而产生过敏症状（图 4-5，图 4-6）。具体原因如下。

1. 环境因素　过冷、过热刺激，温度骤然变化，季节变化、空气污染、紫外线损伤等。

2. 年龄　年轻健康的皮肤表面有一层弱酸性的皮脂膜锁住水分，以保护皮肤不受到外界的侵害。随着年龄的增长，皮肤分泌功能减退，皮脂膜保护功能降低，皮肤易受外界刺激。

Note

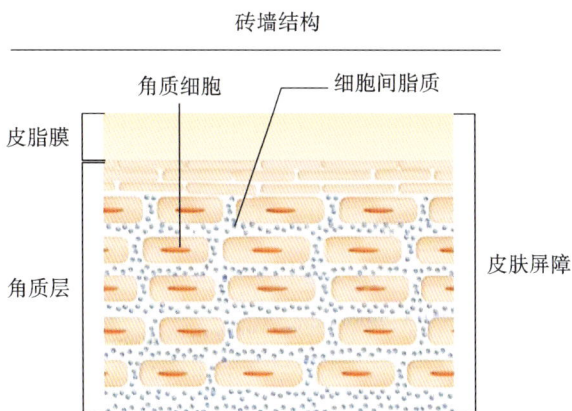

图 4-5　皮肤屏障的结构

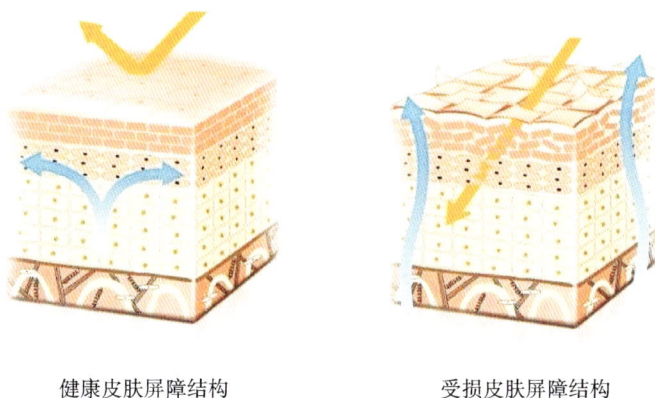

健康皮肤屏障结构　　　　　　受损皮肤屏障结构

图 4-6　正常皮肤屏障与受损皮肤屏障结构对比

3. 遗传因素　敏感性皮肤个体大部分有家族史,先天性皮肤薄而干,或为遗传性过敏体质。

4. 生理因素　内分泌失调、月经周期等会影响皮肤的敏感性。

5. 化学因素　如劣质化妆品刺激或使用碱性肥皂、清洁剂等,使皮肤表面的皮脂膜遭到破坏。

6. 生活方式　辛辣刺激饮食、酒精可加重皮肤敏感反应。

7. 心理因素　压力大、情绪波动激发或加剧皮肤敏感反应。

8. 疾病　某些皮肤病可使皮肤敏感性增高,如特应性皮炎、脂溢性皮炎、鱼鳞病等。

9. 护肤不当　过度摩擦,过度清洁、去角质,按摩动作太刺激、时间太长或不正确的换肤术等。

10. 药物使用不当　如长期使用一些强力药霜或激素类药膏。

【相关知识】

皮肤的天然屏障——皮脂膜

皮脂膜是由皮脂腺分泌的皮脂、角质细胞产生的脂质、汗腺分泌的汗液和脱落的角质细胞经过低温乳化,在皮肤表面形成的一层保护膜。皮脂膜 pH 值在 $4.5 \sim 6.5$,呈弱酸性,具有润泽皮肤、屏障作用和抗感染作用,是皮肤的天然保护层。

Note

（二）敏感性皮肤的表现

1. 一般表现　皮肤较薄,常有红血丝出现;当气温变化(过冷或过热),或处于相对密闭环境时,皮肤容易泛红、发热。

2. 发生过敏反应时的表现　当皮肤接触过敏源或受到光、热等刺激后,真皮中的肥大细胞释放组胺,而引起一系列反应。

（1）红疹:组胺使血管扩张所致。

（2）水肿:组胺使血管通透性增加所致。

（3）泛红:组胺造成连锁攻击,范围加大所致。

（4）发痒、灼烧、刺痛等症状。

三、敏感性皮肤的护理方案

（一）护理原则

（1）避免刺激,安抚、镇定皮肤。护理程序要简化,使用具有抗过敏、舒缓镇静作用的温和产品进行护理。

（2）补充皮肤水分和油分。加固皮肤屏障,增强皮肤的抵抗力。

（3）控制皮肤的过敏症状,修复受损皮肤。

（4）过敏症状严重时,应到医院接受治疗。

（二）护理程序

1. 卸妆　使用乳状卸妆品卸除面部彩妆(建议顾客不要化妆)。

2. 清洁　使用不含皂质成分、质地温和的洁面乳或仅用温水清洁面部,清除毛孔内的污垢,动作轻柔、轻快,时间宜短。

3. 爽肤　选用温和无刺激的柔肤水爽肤 2～3 遍,镇静皮肤,平衡 pH 值。

4. 观察、分析　观察、分析皮肤。

5. 喷雾　皮肤敏感时禁止做热喷,宜用冷喷,距离 25～35 cm,冷喷时间 15～20 min。

6. 去角质　敏感性皮肤一般不建议去角质,以免破坏皮肤屏障。混合性敏感性皮肤只对 T 区部位去角质。

7. 仪器护理　超声波导入仪导入防敏、补水、舒缓的精华素或胶原蛋白,低挡位,时间 5～8 min,或选择红-黄光治疗,具有消炎、镇静、修复作用。

8. 面部按摩　选择温和无刺激、滋润度高的按摩膏按摩 5～10 min,按摩时避开敏感部位,以穴位点压和点弹手法为主,动作轻柔,避免过度牵拉,按摩时间不宜过长。过敏症状较重者不宜按摩。

9. 敷面膜　选择防敏、保湿补水面膜,时间为 15～20 min。或选择舒缓、镇静型修复面膜,敷面膜过程中,可以用棉片遮盖双眼,同步冷喷。

10. 基本保养　爽肤用防敏柔肤水;润肤用防敏霜或保湿防敏乳液;防护用防晒乳液。

11. 后续工作　告知顾客居家保养方法,预约下次护理时间,书写护理记录,归还用物,环境整理。做好跟踪服务。

（三）敏感性皮肤选择化妆品的原则

1. 减少刺激　应选择不含或少含香精、酒精、防腐剂、磨面剂等成分的化妆品。

2. 预防或缓解皮肤敏感现象　应选择具有安抚、镇静、舒缓、抗炎、抗过敏以及修复功效的化妆品(如含有甘草提取物、蓝甘菊、芦荟等天然植物成分的化妆品)。

3. 加强保湿滋润　选用含有天然抗敏成分的保湿乳液或保湿霜,增加皮肤含水度,增强皮肤抵抗力。但不宜选择高浓度、高效性的滋养品,以免导致敏感。

（四）预防

（1）远离过敏原,忌蒸桑拿、热喷。外出做好防护,避免受到紫外线及冷热刺激。

（2）选择合适的护肤品,护肤方法宜简单,不要随意更换护肤品。

（3）敏感性皮肤在卸妆、洁面时,要做到"快速、温和",卸妆一定要彻底。

（4）减少去角质的次数,少按摩,切记不要用温度过高的水洁面。

（5）为皮肤补充水分和油分,维持皮脂膜的完整及角质层的保护功能。

（6）合理饮食,保持充足的睡眠。

（7）皮肤出现过敏症状后应立即停用任何化妆品,对皮肤进行观察和保养护理。

【任务评价】

环境污染、护肤不当、化妆品及药品的滥用等导致皮肤敏感的发生率逐年提高,其病程反复,易引起毛细血管扩张,是困扰人们的常见损容皮肤问题。掌握敏感皮肤的相关医学基础知识和科学的护理方法,能够为顾客解决困扰,维护皮肤健康和美丽。

任务五　毛细血管扩张性皮肤护理

视频:项目四
任务五　毛细
血管扩张性皮
肤护理

【任务描述】

规范毛细血管扩张性皮肤的护理流程,根据顾客的皮肤表现,制订专业的护理方案,让顾客学会日常保养和预防知识,并获得满意的体验。

【任务导入】

美容顾问与美容师负责把握毛细血管扩张性皮肤的规范护理程序,分析可能的成因,确保给顾客提供专业的、有针对性的美容服务。

【任务目标】

（1）掌握毛细血管扩张性皮肤的护理原则和程序。

（2）熟悉毛细血管扩张症的概念、成因与表现。

（3）了解毛细血管扩张性皮肤的预防方法。

【任务实施】

一、毛细血管扩张症的概念

毛细血管扩张症,俗称"红血丝",是指皮肤或黏膜表面的细静脉、毛细血管和细动脉呈持久的扩张状态,形成红色或紫色斑块、点状、血丝状或星网状损害,压之褪色,可长期不变或缓慢发展,多无自觉症状。毛细血管扩张症任何年龄均可发生,是一种发生在面部或躯干部位的皮肤问题。

Note

二、毛细血管扩张性皮肤的成因与表现

(一)毛细血管扩张性皮肤的成因

1. 物理因素刺激 如温度变化的刺激,使毛细血管的耐受性超过了正常范围,引起毛细血管扩张甚至破裂。过度的日晒,也会引起慢性光线性皮炎,造成皮肤干燥等。

2. 气候环境因素 长期生活在较为恶劣的生活环境中,如高原空气稀薄,皮肤缺氧,导致红细胞数量增多及血管代偿性扩张,久而久之血管收缩功能产生障碍,引起永久性毛细血管扩张。

3. 激素依赖性 局部长期使用皮质类激素药物,导致皮肤变薄、萎缩,引起毛细血管扩张。

4. 护肤不当 长期使用劣质化妆品、过度清洗、频繁蒸面和去角质以及换肤不当等,使皮肤屏障功能遭到破坏,真皮毛细血管失去角质层的保护作用,弹性降低而引起扩张或破裂。

5. 局部或全身并发症 患有某种皮肤病(如酒渣鼻)或患有皮肤病但原因不明的人群,面部容易发红,在发热、情绪激动、剧烈运动或饮酒时,颜色不但会加深,整个面部还会潮红,即"红脸""关公脸",久而久之,导致血管弹性降低,形成血管扩张。

(二)毛细血管扩张性皮肤的表现

多发于女性,面部皮肤泛红,常见于两侧脸颊,肉眼可以看到扩张的毛细血管,部分呈红色或紫红色斑状、点状、线状或星状损害,有的伴有红斑。仔细看皮肤上有许多红色小血管,象"红线头"(图4-7)。

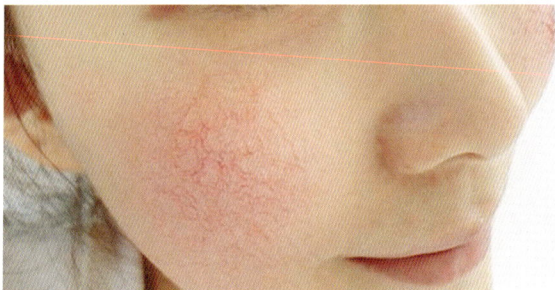

图4-7 红血丝皮肤

三、毛细血管扩张性皮肤的护理方案

(一)护理原则

(1)标本兼治,缓解伴随的不适症状。去除病因及诱因,轻者可外用去红血丝产品,重者局部采用光电治疗。

(2)日常保养注意防晒,忌去角质,对血管神经性紊乱者,可用冷热水交替洁面(先热后冷),以锻炼血管对外界刺激的耐受能力。

(二)护理程序

1. 清洁面部 用温和无泡沫的洁面乳洁面,洁面时间不超过 1 min。

2. 爽肤 用温和无刺激、保湿的柔肤水爽肤 2～3 遍。

3. 观察、分析 观察、分析皮肤。

4. 面部按摩 选择温和无刺激的按摩膏按摩 5～10 min,按摩时间不宜过长,力度

不能过重。按摩时避开红血丝部位,在按摩过程中避免过度牵拉。

5. 导入　利用超声波美容仪导入去红血丝产品,采用低挡位,时间为 5~8 min。

6. 面膜与冷喷　选择去红血丝和保湿补水面膜,时间为 15~20 min。敷面膜的同时做冷喷护理。

7. 爽肤　选择温和无刺激、保湿的柔肤水爽肤 2~3 遍。

8. 基本保养　涂擦去红血丝保养品。

9. 后续工作　告知居家保养方法,预约下次到店时间,书写护理记录,归还用物,环境整理。做好跟踪服务。

（三）预防

（1）慎重选择化妆品,应该选用一些温和的、无刺激的产品,安全修复皮肤,不要让皮肤再次受到刺激。避免使用含有重金属的劣质化妆品,否则,劣质化妆品毒素残留在面部皮肤内,会使面部红血丝加重和色素沉积。

（2）饮食合理,忌辛辣食物、禁烟酒等,海鲜、牛羊肉等也要少吃或者避免。

（3）保持充足的睡眠,注意劳逸结合,补充多种维生素和微量元素,防治便秘。

（4）使用医用护肤品,修复皮肤的屏障功能。经常按摩红血丝部位,促进血液流动,有助于增强毛细血管弹性,以促进血液循环。动作宜轻柔。

【任务评价】

毛细血管扩张是皮肤或黏膜表面的细静脉、毛细血管和细动脉呈持久的扩张状态,形成红色或紫色斑块、点状、血丝状或星网状损害,是面部常见的损容皮肤问题。掌握毛细血管扩张的相关医学基础知识和科学的护理方法,能够帮助顾客解决因毛细血管扩张带来的美容困扰,恢复皮肤的健康和美丽。

【相关知识】

毛细血管扩张症的医美治疗

对于经久不退的毛细血管扩张症,应到医院接受治疗,常用的有强脉冲光、激光、高频电凝或冷冻治疗。强脉冲光可用于改善早期毛细血管扩张伴有红斑症状,在改善血管扩张和红斑的同时,还能刺激皮肤的真皮层,促进胶原蛋白的生成,增加皮肤的厚度和弹性,使真皮毛细血管获得周围组织的支撑而不易发生扩张;激光和高频电凝用于毛细血管扩张较明显者,可直接凝固扩展的血管,达到消除血管扩张的目的;冷冻适用于治疗呈星状扩张的血管痣。

任务六　晒伤皮肤护理

视频:项目四 任务六　晒伤皮肤护理

【任务描述】

规范晒伤皮肤的护理流程,根据顾客的皮肤晒伤表现,制订专业的护理方案,让顾客学会家庭保养和日常防护知识,获得满意的体验。

【任务导入】

美容顾问与美容师负责把握晒伤皮肤的分期表现,确保根据顾客的皮肤状态提供

Note

专业的美容服务。

【任务目标】

(1) 掌握晒伤皮肤的护理程序。

(2) 熟悉晒伤皮肤的成因和表现,晒伤皮肤的家庭保养。

(3) 了解晒伤的预防。

【任务实施】

一、晒伤皮肤的概念

晒伤又称日光性皮炎,是由于日光的中波紫外线过度照射后,暴晒处皮肤发生的急性光毒反应。晒伤可以引起局部急性红斑,水肿性皮肤炎症。晒伤后的皮肤容易出现红肿、刺痛甚至出现水疱、脱皮等现象,皮肤易过早老化。晒伤皮肤如图 4-8 所示。

二、晒伤皮肤的成因与表现

(一) 晒伤皮肤的成因

依据日光波长可将日光分为紫外线(180～400 nm)、可见光(400～760 nm)和红外线(760～1800 nm)。引起皮肤病的主要是紫外线(UV)。UV 又细分为短波紫外线(UVC)、中波紫外线(UVB)和长波紫外线(UVA)。其中 UVB 和 UVA 是引起光敏性皮肤病的主要作用光谱,UVC 全部被大气臭氧层吸收,不能到达地球表面。UV 光波长越长,穿透力越强而能量小;UVB 只能到达表皮基底层,强烈照射能引起表皮坏死和色素沉着;UVA 可穿过表皮作用于真皮浅层,造成皮肤老化。

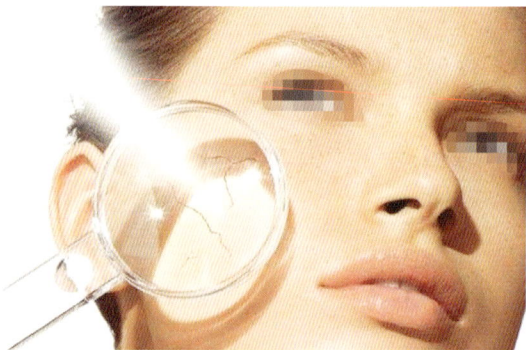

图 4-8　晒伤皮肤

紫外线能将皮肤中的脱氢胆甾醇转变为维生素 D,并能促进全身的新陈代谢,还具有杀菌、消毒的作用。如果紫外线辐射累积量过大,并有外源性光敏物质参与时,则可引起一系列的生物学效应或诱发和加重某些皮肤病。现代社会由于环境污染严重,导致地球上空的臭氧层遭到破坏,使地球表面的紫外线强度日益增加,紫外线对人们的皮肤损伤也日益加剧。

晒伤是皮肤接收了超过耐受量 UVB(280～315 nm)引起。一方面可因日光过强,暴露时间过长;另一方面可因个体皮肤的易晒伤因素,如白、嫩、薄的皮肤。皮肤角质层的厚薄直接影响对紫外线的敏感程度,未成年人的皮肤角质层比成年人薄,故幼儿时期皮肤的晒伤对成年后皮肤癌的发生影响很大。嘴唇由黏膜组成,比表皮角质层薄很多,并且它不会自身产生黑色素来保护自己,故极易晒伤。

细胞中蛋白质和核酸吸收大量的紫外线产生一系列复杂的光生物化学反应,造成表皮细胞坏死,释放多种活性介质,引起真皮血管扩张,组织水肿,黑色素合成加快等反应。

（二）晒伤皮肤的表现

晒伤皮肤春、夏季多见,妇女、儿童及浅肤色人群易发病。

1. 初期　皮肤在阳光下直接照射2～3 h后,出现表皮发红、水肿、疼痛。

2. 加重期　12 h内反应达高峰,严重时产生红斑和水疱,甚至糜烂、渗出。

3. 消退期　如避开日光继续损害,1～2天后反应逐渐减退,出现干燥脱皮。一般4～7天炎症症状消退,皮肤出现黑化。

三、晒伤皮肤的护理方案

（一）护理原则

1. 心理护理　顾客皮肤晒伤可能产生暴躁、恐慌,应稳定顾客的情绪使其能较好地配合护理和治疗。

2. 局部护理　以消炎、安抚、止痛为原则。弥漫性红斑给予炉甘石洗剂外涂,3%硼酸水、冰水、冰牛奶湿敷或气雾剂冷喷。水疱者加强无菌换药,防止感染。

3. 预防护理　做好预防和防晒工作。应避免暴晒,并在暴露部位外用物理性遮光剂或化学性遮光剂,如5%二氧化钛霜、二苯甲酮等,可根据个人皮肤类型选择遮光剂的防晒系数（SPF）。

4. 健康指导　逐渐外出锻炼,提高对日光的耐受性。加强皮肤营养,平时多食富含维生素C的新鲜果蔬,适量吃点脂肪,以保证皮肤的足够弹性,增强皮肤的抗皱活力。维生素C可使皮肤黑色素沉着减少,从而减少黑斑和雀斑,使皮肤白皙。夏季应多食含多种维生素的食品。

（二）护理程序

1. 清洁面部　晒伤后,一般不要马上清洗皮肤,等皮肤温度降至正常后再彻底清洁皮肤。尽量使用温水或凉水、保湿润肤洁面乳,避免用热水,并停用日常护肤品。

2. 爽肤　使用晒后修复液或高效保湿水。

3. 观察和分析　观察和分析皮肤晒伤的状况,采取相应的护理。

4. 去角质　红斑水肿期禁止去角质,脱皮期和色素沉着期可适当去角质。

5. 喷雾　选择冷喷15～20 min。

6. 冰球护理　红斑水肿期可使用冰球护理,镇静、舒缓皮肤。

7. 面膜　敷晒后修复面膜或舒缓面膜15～20 min。

8. 保湿　使用晒后修复霜或高效保湿保养品。

（三）晒伤的分期护理

1. 红、烫期　红、烫期应采用冷敷、冷喷等方式给皮肤降温（图4-9）。

2. 肿痛期　肿痛期可适当使用皮肤修复液。多补水,让肿痛自行消退。

3. 水疱期　水疱期应及时到医院把水疱中液体吸出,疱膜留在皮肤上起保护作用。不可自己挤破,以免发生感染。

4. 脱皮期　脱皮期应加强补水和保湿滋润,避免撕脱痂皮,让其自然脱落。

5. 色素沉着期　色素沉着一般会在3～6个月消退。注意防晒,定期护理,多补水。

（四）家庭保养

1. 保持皮肤凉爽　冷敷或冷水浴。

2. 加强保湿修复　涂保湿修复护肤品。

图 4-9　晒伤皮肤冷敷

3. 饮食护理　治疗期间应避免食用海鲜、辛辣食物等,补充蛋白质、维生素 A、维生素 E、维生素 C,多喝水,促进皮肤细胞修复和再生。

（五）预防

（1）外出穿长袖上衣和长裤,戴太阳帽,搽防晒霜剂等,以避免太阳对皮肤的直接照射。

（2）外出尽量避免日光中紫外线最为强烈的时间(6～8 月份的 10:00～14:00)。

（3）外出前避免食用光敏性食物,如菠菜、油菜、紫云英、马兰头、苋菜、马齿苋、茄子、土豆等,以免引起植物日光性皮炎。

【任务评价】

晒伤是由于日光的中波紫外线过度照射后引起暴晒处皮肤发生的急性光毒反应,可以引起局部急性红斑,水肿性皮肤炎症。晒伤后的皮肤容易出现红肿、刺痛甚至出现水疱、脱皮等现象,皮肤易过早老化。掌握晒伤皮肤的相关医学基础知识和科学的护理方法,能够为顾客及时解决晒伤问题,恢复皮肤的健康和美丽。

同 步 测 试

一、单选题

1.（　　）皱纹多呈横向弧形,与生理性皮肤纹理一致,与皮下脂肪堆积有关,伴随年龄增大皱纹逐渐加深,纹间皮肤松垂。

　A. 动力性皱纹　　　　B. 自然性皱纹　　　　C. 重力性皱纹　　　　D. 混合性皱纹

2.（　　）是面部常见的局限性淡褐色或黄色色素沉着斑。成年女性多见,好发于育龄期妇女。呈对称性分布,在面颊部形成蝴蝶状,遍及前额、颧部、颊部,偶见于颏和上唇部。

　A. 雀斑　　　　　　　B. 黄褐斑　　　　　　C. 黑斑　　　　　　　D. 老年斑

3. 皮脂腺分泌增多与下列哪种激素无关?（　　）

　A. 雄激素　　　　　　B. 黄体酮　　　　　　C. 肾上腺皮质激素　　D. 雌激素

4. 敏感性皮肤禁忌做哪项护理?（　　）

　A. 冷喷　　　　　　　B. 热喷　　　　　　　C. 超声波导入　　　　D. 敷冰膜

5. 发生皮肤过敏与下列哪项护理措施无关?（　　）

　A. 每周去角质一次

　B. 每周做深层按摩 1～2 次,每次 20～30 min

Note

C.每周超声波导入补水精华液 1～2 次

D.每天使用洁面乳洁面 3～4 次

E.使用高浓度滋养品滋养皮肤

二、多选题

1. 衰老性皮肤的成因有(　　)。

A.紫外线的伤害　　　　　B.重力的作用　　　　　C.错误的保养

D.年龄增加　　　　　E.内分泌紊乱

2. 衰老性皮肤的表现是(　　)。

A.皮肤变薄　　B.肤色变化　　C.失去光泽　　D.失去弹性　　E.失去血色

3. 色斑性皮肤的成因是(　　)。

A.遗传因素　　　　　B.紫外线照射　　　　　C.内分泌失调

D.不良生活习惯　　　　　E.化妆品使用不当

4. 敏感性皮肤发生过敏反应时的表现有(　　)。

A.红疹　　B.水肿　　C.泛红　　D.发痒、灼烧　　E.刺痛

5. 根据主要皮损的形态和特点,可将痤疮分为(　　)等不同的临床类型。

A.寻常性痤疮　　　　　B.聚合性痤疮　　　　　C.恶病质性痤疮

D.爆发性痤疮　　　　　E.轻度痤疮

三、简答题

1. 痤疮的发病原因及诱因有哪些?

2. 哪种类型的痤疮适合做针清?针清的适应证和注意事项有哪些?

3. 敏感性皮肤的预防措施有哪些?

4. 联系实际情况简述如何预防色斑性皮肤。

思政金句

劳动是财富的源泉,也是幸福的源泉。　　　　　——习近平

当代工人不仅要有力量,还要有智慧、有技术,能发明、会创新,以实际行动奏响时代主旋律。　　　　　——习近平

铸就了"爱岗敬业、争创一流,艰苦奋斗、勇于创新,淡泊名利、甘于奉献"的劳模精神,丰富了民族精神和时代精神的内涵,是我们极为宝贵的精神财富。　　　　　——习近平

Note

项目五

眼部护理

【项目描述】

本项目主要介绍眼部皮肤的特点、眼部护理的目的、常见眼部问题和保养方法以及眼部护理操作方法和注意事项。学生通过本项目的学习,能了解如何保养眼部,预防眼部问题的产生,掌握眼部护理的方法,具备为顾客设计眼部护理方案的能力。

【项目目标】

(1)知识目标:了解和熟悉眼部皮肤的特点,常见的眼部问题、保养方法及护理的注意事项。

(2)能力目标:掌握眼部护理的操作方法,具备为顾客设计眼部护理方案的能力。

(3)素质目标:培育学生经世济民、诚信服务的情怀。

【案例导入】

张某,女,35岁,白领,因经常加班、劳累、生活不规律,并且有睡前喝水的习惯,眼睛水肿并伴有黑眼圈,眼角有鱼尾纹,眼袋明显。影响了个人形象,想改善眼部问题。

问题:

(1)作为美容师,你认为应该给这位顾客做什么护理项目?有哪些注意事项?

(2)请你给顾客介绍其眼部问题形成的原因和眼部保养的方法。

视频:项目五
任务一 眼部
皮肤的特点

任务一 眼部皮肤的特点

眼部皮肤不同于身体其他部位的皮肤,具有以下特点。①眼部皮肤是人体皮肤最薄的部位,表皮与真皮的厚度总和约0.55 mm,与面部表皮与真皮的综合厚度2 mm相比,要薄得多,更易受到外界的伤害。②眼部皮下几乎没有皮脂腺和汗腺分布,眼周皮肤干燥、缺少水分,易出现干纹。③眼部周围的皮肤有丰富的微血管和淋巴及神经组织,对外界刺激敏感,微血管极为细小,易出现血液循环不良。④眼部皮下疏松结缔组织丰富,柔软而富有弹性,疏松结缔组织的纤维结构中,分布着极为丰富的毛细血管和神经末梢,毛细血管的管壁非常薄,有一定的渗透性,疏松结缔组织容易充血、积水,形成血肿或水肿。⑤眼部皮肤的工作负荷重,每天眨眼(1.2~2.4)万次,易造成眼部皮肤的松弛、失去弹性,从而出现皱纹(图5-1);而长期面对电脑,容易引起眨眼次数过少,造成眼部皮肤疲劳、紧张。

Note

图 5-1 眼部皱纹

【相关知识】

眼部保养小贴士

（1）把一小杯茶放入冰箱中冷冻约 15 min,然后用一小块化妆棉浸在茶水中,再把它敷在眼皮上,能减轻眼袋、水肿。

（2）可用喝剩下的红茶包敷眼,每晚睡前使用 20～30 min 后取下,有利于改善后天性黑眼圈。

（3）将鸡蛋煮熟后去壳,用小毛巾包裹,合上双眼,用鸡蛋按摩眼睛四周,可加快血液循环。

（4）在阳光紫外线照射强度大的季节,出门时要戴上太阳镜。因为紫外线的杀伤力非常强,在没有任何防护措施的情况下,短时间的照射可能引发各种眼部炎症。

任务二 常见的眼部美容问题

视频:项目五任务二 常见的眼部美容问题

【任务描述】

熟悉眼部出现的系列问题,为顾客提供科学而专业的眼部美容分析和诊断,具备为顾客设计眼部护理方案的能力。

【任务导入】

介绍常用眼部美容问题的形成原因、类型、保养方法、护理目的,眼部护理操作流程、基本仪器导入、基本保养、居家护理和注意事项。学生通过学习,掌握分析眼部美容问题与眼部护理的操作方法和流程,具备为顾客设计眼部护理方案的能力。

【任务目标】

（1）掌握常见的眼部问题,包括眼袋、眼周脂肪粒、黑眼圈、眼部细纹。

（2）掌握眼部护理操作流程,包括准备工作、眼部卸妆和清洁、眼部按摩、仪器导入、敷眼膜、基本保养、后续工作。

（3）掌握眼部护理注意事项。

【任务实施】

一、眼袋

1. 形成的原因 眼袋系下睑皮肤、皮下组织、肌肉及眶隔松弛,眶后脂肪肥大,突出

Note

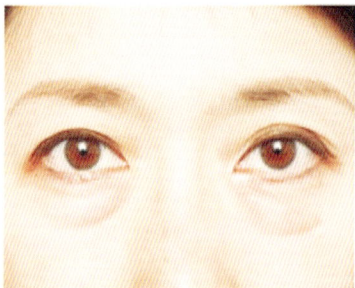

形成袋状突起(图 5-2)。不论男女均可发生,它是人体开始老化的早期表现之一。眼袋的形成受年龄、家族遗传、劳累和疾病等因素的影响。

(1)年龄:常见于 40 岁及以上的中老年人,随着年龄的增长,出现皮肤松弛和肌肉松弛,导致眼袋的形成。也有女性在 25～30 岁之间就会出现眼袋。

(2)遗传:眼袋的形成与遗传有密切关系,很多人的原发性眼袋往往有家族遗传史,多见于年轻人,其主要原因多为眶内脂肪过多。

图 5-2　眼袋

(3)劳累:现代生活方式下压力过大,睡眠不好,容易引起眼袋。此外,长期在电脑前工作,以及长期的脑力劳动,也容易产生眼袋。

(4)疾病:眼部神经疲乏或老化,使得肌肉衰弱,脂肪累积,造成眼皮组织松弛。当心理压力大、紧张、苦恼、悲伤或职业倦怠达到一定程度时,脾胃功能减弱,水湿运化不畅,亦可形成眼袋。急性肾炎,晨起上、下眼睑肿,代表脾虚、脾热。

2. 眼袋的类型　根据形成原因不同,眼袋分为以下几种类型。

(1)单纯眼轮匝肌肥厚型:由于遗传性因素,常见于年轻人,表现为下睑眼轮匝肌肥厚,皮肤肌肉并不松弛、眶隔脂肪也不肥大,呈现的眼袋仅是眼轮匝肌的轮状突起,特别是在微笑时尤显,故一般称其为假性眼袋。

(2)单纯皮肤松弛型:此种情况为下睑及外眦皮肤松弛,但无眶隔松弛,故无眶隔脂肪突出,眼周出现细小皱纹,多见于 33～45 岁的中年人。

(3)下睑轻中度膨隆型:主要是眶隔脂肪的先天过度发育,多见于 23～36 岁的中青年人。

(4)下睑中重度膨隆型:同时伴有下睑的皮肤松弛,主要是皮肤、眼轮匝肌及眶隔松弛,造成眶隔脂肪由于重力作用脱垂,严重者外眦韧带松弛,睑板外翻,睑球分离,常常出现流泪,多见于 45～68 岁的中老年人。

(5)眼皮水肿型:遗传因素居多,无特定的年龄界限,无脂肪增多,因下眼睑皮肤薄而松弛,在睡眠不足或睡前喝水过多形成眼部体液堆积而形成眼袋。

(6)混合型:同时出现以上两个或两个以上的现象产生的眼袋。通常出现在 30 岁以上,且眼袋会随着年龄增长而逐渐加深。

【相关知识】

眼膜消眼袋的最佳时机

敷眼膜也要讲究时间,选对时机敷眼膜,可以起到事半功倍的护眼效果。一般来说,敷眼膜的最佳时间有三个:一个是女性生理期后一周,此时人体内雌性激素分泌旺盛,是敷眼膜最有效的时间;其次就是在泡澡时,借着热水蒸气,可以促进眼部血液循环;最后便是在睡觉前,在眼部运动最少时敷眼膜,发挥的效果也是很好的。

二、眼周脂肪粒

脂肪粒是一种长在皮肤上的白色小疙瘩,约针头般大小,看起来像是小个白芝麻,一般在面部,特别是女性的眼周。脂肪粒的起因是皮肤上有微小伤口,而在皮肤自行修复的过程中,生成了一个白色小囊肿(图 5-3)。也有可能是由于皮脂被角质所覆盖,不能正常排至表皮,从而堆积于皮肤内形成的白色颗粒。

三、黑眼圈

1. 形成原因　黑眼圈是由于经常熬夜,情绪不稳定,眼部疲劳、衰老,静脉血管血流速度过于缓慢,眼部皮肤红细胞供氧不足,静脉血管中二氧化碳及代谢废物积累过多,形成慢性缺氧,血液较暗并形成滞留以及造成眼部色素沉着,也就是我们常说的"熊猫眼"(图5-4)。黑眼圈常见于月经不调的女性,如功能性子宫出血、原发性痛经、经期长、经量大等均会出现。

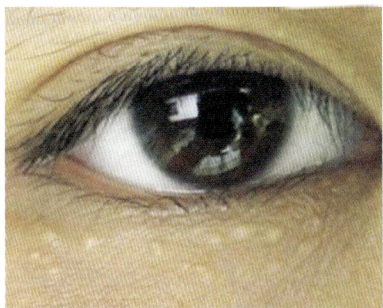

图 5-3　眼周脂肪粒　　　　　　　　　　　图 5-4　黑眼圈

2. 缓解方法　一是热敷法,即将橄榄油加温,用棉签蘸取,在下眼睑处轻轻擦拭,用指腹拍打吸收;二是冷敷法,即用冷冻铁汤勺熨眼袋;三是精油收敛法。

四、眼部细纹

1. 眼部细纹分类

(1) 干纹:干纹是皮肤干燥形成的细密的小纹路,不笑的时候基本看不见,笑起来就会很明显,越干燥越密集。从18岁开始就会受到它的干扰,会因为季节、环境不同而改变。干纹是细纹的初始阶段,又称"假细纹"。

(2) 细纹:眼部皮肤受到外界环境影响,形成游离自由基,自由基破坏正常细胞膜组织内的胶原蛋白、活性物质,氧化细胞而形成细纹。

(3) 鱼尾纹:在人眼角和鬓角之间出现的皱纹,其纹路与鱼尾巴上的纹路很相似,故被形象地称为鱼尾纹。鱼尾纹通常发生在25岁以上的人群中,中老年女性更为明显。

2. 形成原因　由于神经内分泌功能减退,蛋白质合成率下降,真皮层的纤维细胞活性减退或丧失,胶原纤维减少、断裂,以及日晒、干燥、寒冷、洁面水温过高、表情丰富、吸烟等导致纤维组织弹性减退,眼部细纹增多。眼部细纹是由于眼轮匝肌长期收缩引起的,呈放射状(图5-5)。

3. 缓解方法　多喝水是自然缓解眼部细纹的方法,正确涂抹眼霜可润泽干燥的眼部肌肤。

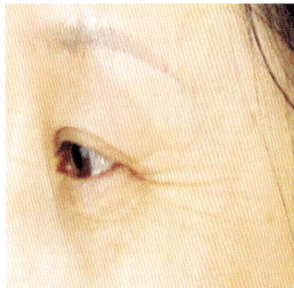

图 5-5　眼部细纹

五、眼部护理的目的

眼睛是最容易老化并产生美容问题的部位。一般自25岁以后眼周皮肤就开始老化。眼部护理可以缓解眼部疲劳,尽可能地缓解眼袋、黑眼圈、鱼尾纹等眼部损容问题。

Note

六、眼部护理操作程序

（一）准备工作

1. 美容师准备　化淡妆、着工作服、穿工作鞋、戴口罩、去首饰、修剪指甲、洗手、消毒双手。

2. 用物准备

（1）床位准备：床单 2 条、毛巾 4 条，铺好美容床。

（2）护理产品准备：洁面乳、柔肤水、面盆、面巾纸、乳液、面霜、眼部卸妆液、卸妆棉、棉签、眼霜、眼部按摩精油、眼部精华液（蛋白霜）、眼膜等（图 5-6）。

图 5-6　眼部护理产品准备

3. 环境准备　环境整洁卫生，温度、湿度适宜，光线柔和，备好香薰，播放舒缓的音乐等。

4. 顾客准备　协助顾客更衣，安置顾客。

（二）眼部卸妆和清洁

详见项目三。

（三）眼部按摩

1. 上按摩膏　由内眼角到外眼角均匀涂抹按摩膏（图 5-7）。

2. 点压下眼眶　左手呈虎口状固定左眼外眼角，右手中指指腹从内眼角到外眼角分 5～6 点按压下眼眶（图 5-8）。

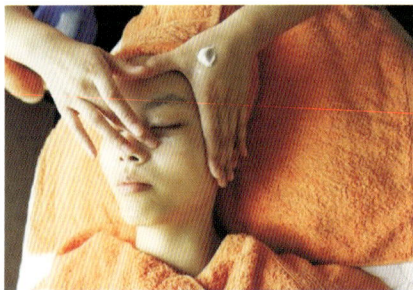

图 5-7　上按摩膏

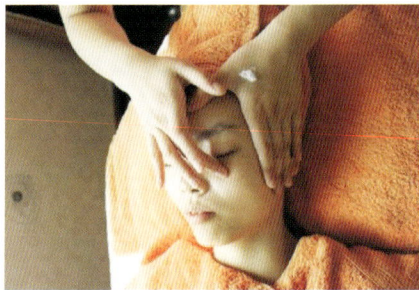

图 5-8　点压下眼眶

3. 一手推一手拉　左手中指拉，右手中指推，顺着眼袋朝斜向上方推到发际线，重复 3～5 遍（图 5-9）。

4. **眼周排毒**　右手剪刀指,左手提拉外眼角,重复 5~8 遍(图 5-10)。

図 5-9　一手推一手拉

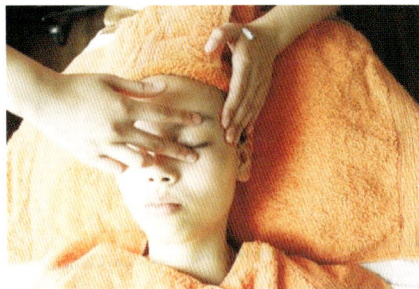

图 5-10　眼周排毒

5. **提拉上眼睑**　双手四指指腹上提上眼皮,重复 5~8 遍(图 5-11)。

6. **提拉外眼角**　虎口卡住眉骨,提拉眉骨至发际线,重复 5~8 遍(图 5-12)。

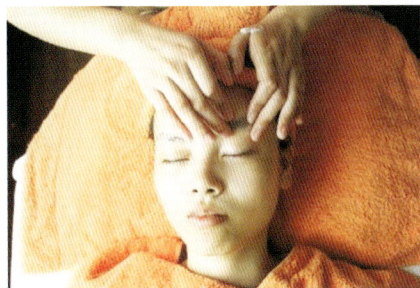

图 5-11　提拉上眼睑

图 5-12　提拉外眼角

7. **同法按摩**　同法按摩另一侧眼部。

8. **点压眼周穴位**　依次点压睛明、攒竹、鱼腰、丝竹空、太阳、瞳子髎、球后、承泣,提拉睛明,安抚额头(图 5-13)。

9. **安抚眼部**　安抚眼部,结束操作(图 5-14)。

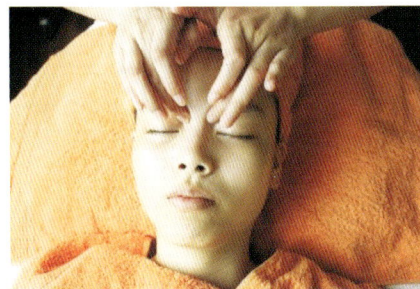

图 5-13　点压眼周穴位

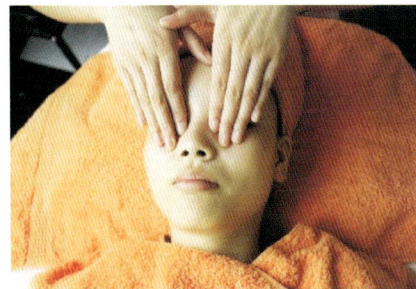

图 5-14　安抚眼部

（四）仪器导入

1. **激光仪**　目前成熟的激光祛眼袋技术因其时间短、恢复快、无出血、痛苦小等优势,受到众多求美者的青睐。它采用新型的高能超脉冲激光,从睑板内侧结膜处切一约 0.3 mm 的切口,然后从切口处依次取出内、中、外三块脂肪团,再使用激光气化收缩真皮组织,整个手术过程只需 10 min 左右。此外,激光祛眼袋对皮肤表面无损伤,适应范围广,不易复发。

Note

2. 射频仪　利用射频将眶隔脂肪液化,通过仪器产生的离子负压使汗腺导管扩张将眶隔脂肪导出。同时用微型组织定位器重新组织、定位、收紧皮肤。其优点是采用先进的射频仪使手术无出血、无痛苦、恢复快,且能促进皮肤弹性恢复,对减少眼部细纹有独特的效果。

3. 超声波导入仪　详见项目六。

（五）敷眼膜

眼膜能够迅速深层滋润眼周因缺水而产生细纹的皮肤,通过阻断空气,将养分大量导入眼周皮肤底层,并通过血液循环来促进吸收。通常情况下,敷 10～15 min 即可,顾客可利用这段时间闭目养神。

（六）基本保养

取下眼膜,用美容指以打圈的方式促进眼膜精华液的吸收,全脸爽肤。取绿豆粒大小的眼霜,用双手无名指以打圈的方式均匀地涂在眼睛周围。涂擦面部保养品。

（七）后续工作

引导顾客买单,告知居家保养方法,预约下次到店时间,书写护理记录,归还用物,环境整理。

七、注意事项

（1）眼部皮肤娇嫩,按摩动作要轻柔,不要用力牵拉皮肤。

（2）眼霜或精华膏使用量不可过大,否则容易引起脂肪粒。

（3）眼霜、眼膜、精华膏等眼部保养品短期使用达不到好的效果,需要持之以恒长期护理方可延缓眼部衰老,也可保护视力。

（4）睡眠充足,不熬夜,睡前避免饮水。

（5）情绪乐观,避免阳光直射,改变眯眼、眨眼、挤眼睛等不良习惯。

（6）注意眼部卸妆,合理选择并坚持使用眼霜。

（7）经常按摩眼周穴位,促进眼周血液循环。

【项目评价】

（1）掌握常见的眼部问题包括眼袋、眼周脂肪粒、黑眼圈、眼部细纹。

（2）掌握眼部护理操作流程包括准备工作、眼部卸妆和清洁、眼部按摩、仪器导入、敷眼膜、基本保养、后续工作。

（3）掌握眼部护理注意事项。

同 步 测 试

一、单选题

1. 以下不属于眼部细纹的是（　　　）。

A. 干纹　　　　　　B. 细纹　　　　　　C. 鱼尾纹　　　　　　D. 抬头纹

2. 关于眼周脂肪粒,下列哪项描述不正确？（　　　）

A. 针头般大小　　　　　　　　　　B. 护肤不当

C. 毛孔角化代谢异常　　　　　　　D. 不易改善

3. （　　　）是眼部细纹的初始阶段,又称"假细纹"。

A. 干纹　　　　　　B. 细纹　　　　　　C. 鱼尾纹　　　　　　D. 眼周脂肪粒

Note

4. 下列关于眼部细纹形成原因的表述不正确的是(　　)。

A. 神经内分泌功能减退,蛋白质合成率下降

B. 真皮层的纤维细胞活性减退或丧失,胶原纤维减少、断裂

C. 日晒、干燥、寒冷、洁面时水温过高、表情丰富、吸烟等导致纤维组织弹性减退

D. 遗传因素占主要原因

5. 眼膜能够迅速深层滋润眼周因缺水而产生细纹的皮肤,通过阻断空气,将养分大量导入眼周皮肤底层,并通过血液循环来促进吸收。通常情况下,敷(　　)即可。

A. 5～10 min　　　　B. 8～10 min　　　　C. 10～15 min　　　　D. 15～20 min

二、多选题

1. 眼部皮肤不同于身体其他部位的皮肤。其特点是(　　)。

A. 眼部皮肤是人体皮肤最薄的部位,表皮与真皮的厚度总和约 0.55 mm

B. 眼部皮下几乎没有皮脂腺和汗腺分布,眼周皮肤干燥、缺少水分,易出现干纹

C. 眼部周围的皮肤有丰富的微血管和淋巴及神经组织,对外界刺激敏感

D. 眼部皮下疏松结缔组织丰富,柔软而富有弹性

E. 眼部皮肤的工作负荷重,易造成眼部皮肤的松弛、失去弹性,从而出现皱纹

2. 常见的眼部问题包括(　　)。

A. 眼袋　　　　B. 眼周脂肪粒　　C. 黑眼圈　　　　D. 眼部细纹　　　E. 近视

3. 眼袋的形成易受(　　)等因素的影响。

A. 年龄　　　　B. 家族遗传　　　C. 劳累　　　　D. 疾病　　　　　E. 心理压力

4. 根据形成原因不同,眼袋分为(　　)。

A. 单纯眼轮匝肌肥厚型　　　　　　　　B. 单纯皮肤松弛型

C. 下睑轻中度膨隆型　　　　　　　　　D. 下睑中重度膨隆型

E. 眼皮水肿

5. 眼部护理中的注意事项包括(　　)。

A. 眼部按摩动作要轻柔,不要用力牵拉皮肤

B. 眼霜或精华膏使用量不可过大,否则容易引起脂肪粒

C. 睡眠充足,不熬夜,睡前避免饮水

D. 情绪乐观,避免阳光直射,改变眯眼、眨眼、挤眼睛等不良习惯

E. 注意眼部卸妆,合理选择并坚持使用眼霜

三、简单题

1. 简述眼袋的形成原因。

2. 试从眼部皮肤结构特点分析眼部容易出现眼袋、细纹和黑眼圈等损容问题的原因。

🖌 思政金句

　　古之欲明明德于天下者,先治其国;欲治其国者,先齐其家;欲齐其家者,先修其身。

　　　　　　　　　　　　　　　　　　　　　　　　　　——《礼记·大学》

　　我们要在全社会大力弘扬家国情怀,培育和践行社会主义核心价值观,弘扬爱国主义、集体主义、社会主义精神,提倡爱家爱国相统一,让每个人、每个家庭都为中华民族大家庭作出贡献。

　　　　　　　　　　　　　　　　　　　　　　　　　　　　　——习近平

Note

项目六

面部护理常用美容仪器

【项目描述】

本项目主要介绍了面部护理常用仪器的作用、操作方法、注意事项以及仪器的日常保养。学生通过本项目的学习,能掌握面部护理常用仪器的正确操作方法,了解面部护理常用仪器的日常养护,具备根据皮肤检测的结果,正确选择美容仪器进行养护的能力。

【项目目标】

(1)知识目标:了解和熟悉面部护理常用仪器的工作原理、注意事项及日常养护。

(2)能力目标:掌握面部护理常用仪器的作用及操作方法,具备为顾客操作仪器的能力。

(3)素质目标:结合美业服务的职业精神,让学生具备深厚的职业情怀,深化服务的精髓。

【案例导入】

李某,女,48岁,白领,脸上有较多黄褐斑,眼角鱼尾纹也很明显,为此十分困惑,想改善面部皮肤问题。

问题:

1. 作为美容师,应该给这位顾客做什么仪器项目? 有哪些注意事项?

2. 还需要向顾客介绍哪些面部皮肤的护理常识?

视频:项目六
任务一 分析
与检测仪器

任务一 分析与检测仪器

【任务描述】

规范皮肤分析与检测的操作流程,为顾客提供科学而专业的皮肤分析和诊断,为后续面部护理方案的制订提供依据。

【任务导入】

介绍常用的分析与检测类仪器的工作原理、作用、操作方法、注意事项及日常养护。学生通过学习,掌握分析与检测类仪器的操作方法和流程,具备为顾客提供科学而专业的皮肤分析和诊断的能力。

【任务目标】

(1)掌握常用的分析与检测类仪器的作用及操作方法。

(2)熟悉常用的分析与检测类仪器的工作原理及注意事项。

(3)了解常用的分析与检测类仪器的日常养护。

【任务实施】

分析与检测类仪器种类较多,本任务主要介绍几种常用的皮肤分析与检测类仪器。

一、美容放大镜

美容放大镜有手持式、落地式、台灯式三种(图 6-1)。

图 6-1　美容放大镜

1．作用

(1) 提供放大及不刺眼的照明光线,以便进行肉眼观察,详细检视皮肤的微小瑕疵。

(2) 增加皮肤治疗的专业性,借助美容放大镜,可有效地清除面部黑头粉刺、白头粉刺等。

2．操作方法

(1) 清洁面部,待皮肤紧绷感消失后,请顾客闭眼,再用清洁纱布块盖住双眼,以免双眼被放大镜折射的光线刺伤。

(2) 将放大镜对准顾客皮肤,美容师俯身近距离观察皮肤纹理、毛孔等情况。

3．结果判断　镜下可观察到不同类型皮肤的特点(表 6-1)。

4．注意事项

(1) 观察前,顾客必须彻底清洁面部皮肤。

(2) 顾客的皮肤可能会受到季节、环境、气候以及本人的休息、健康状况等诸多因素的影响,观察时应以当时的皮肤状态为基准。

表 6-1　美容放大镜下不同类型皮肤的特点

皮　肤　类　型	镜　下　特　点
干性缺水性皮肤	①肤色一般较白皙; ②皮肤干燥,松弛,缺乏弹性,不润滑,无光泽; ③表皮纹路较细,毛孔小,皮肤毛细血管和皱纹均明显; ④常有粉状皮屑自行脱落
干性缺油性皮肤	①皮肤干燥,但与干性缺水性皮肤比较,略有滋润感; ②皮肤缺乏弹性,松弛,缺乏光泽; ③表皮纹路细致,毛孔细小不明显,有皱纹,皮肤粗糙; ④常见微小皮屑
中性皮肤	①面色红润而富有弹性,皮肤滋润光滑,既不干燥,也不油腻; ②皮肤细嫩,无松弛老化迹象; ③表皮部位纹理清晰,肌理不粗不细,毛孔较细,无粗糙及黏滑感; ④无粉刺

续表

皮 肤 类 型	镜 下 特 点
油性皮肤	①皮肤油腻光亮,颜色黄; ②毛孔明显,皮肤纹理较粗,但不易发现皱纹; ③皮脂分泌过多堵塞毛孔,形成白头粉刺; ④皮脂被空气氧化可形成黑头粉刺,若被感染,则可形成痤疮
混合性皮肤	在面部 T 区(额、鼻、口周、下颌)呈油性皮肤特点,其余部分呈干性皮肤特点
敏感性皮肤	①皮肤毛孔紧闭细腻,表面干燥缺水; ②皮肤薄、粗糙,有皮屑; ③自觉红肿及瘙痒,多能看到丘疹,毛细血管表浅,可见不均匀潮红

二、美容透视灯

美容透视灯又称滤过紫外线灯,是由美国物理学家罗伯特·威廉姆斯·伍德(Robert Williams Wood)发明的,故称之为伍德灯(图 6-2)。

图 6-2　伍德灯

1. 工作原理　美容透视灯是通过含氢化镍的滤片获得 320～400 nm 长波紫外线,由于不同的物质在它的深紫色光线照射下,会发出不同颜色的光,由此判断皮肤情况。

2. 作用

(1)美容透视灯射出的光线能够穿透皮肤,帮助美容师仔细检查顾客皮肤的表面及深层组织情况,判定皮肤类型。

(2)根据观察结果,便于制订和采取适宜的养护方案及措施。

3. 应用范围　主要用于痤疮、色素性皮肤病(包括白癜风)、皮肤癣等的检测,以及鉴别皮肤类型。

美容透视灯号称皮肤的"显微镜",用于痤疮检测时,可准确判断痤疮丙酸杆菌的聚集程度。美容透视灯也是一种鉴别白癜风的标准仪器,可以准确检测出黑色素脱失数量,辨别是完全性白癜风还是不完全性白癜风,还能筛查出肉眼看不到的已经发生的病变。

4. 操作方法

(1)清洁皮肤后,用清洁棉片盖住顾客眼睛。

(2)关闭观察室窗帘及灯源,打开美容透视灯开关,使灯源距离顾客面部 15～20 cm,开始观察。

(3)据观察所得资料进行分析判断(表 6-2、表 6-3)。

表 6-2　美容透视灯下皮肤色泽情况

皮 肤 状 况	美容透视灯下显示
正常皮肤	蓝白色荧光
皮肤角质层及坏死细胞	白色斑点
厚角质层	白色荧光
水分充足的皮肤	很亮的荧光
较薄的、水分不足的皮肤	紫色荧光
缺乏水分的皮肤	淡紫色
皮肤上的深色斑点	棕色
痤疮及油性部位	橙色、黄色或粉红色荧光

表 6-3　黄褐斑在肉眼观察和美容透视灯下的色泽对比

皮 肤 类 型	肉 眼 观 察	美容透视灯下观察
表皮型	灰褐色	色泽加深
真皮型	蓝灰色	不加深
混合型	深褐色	斑点加深

5. 注意事项

（1）检测前,应清洁皮肤,不可涂任何药物或护肤品。

（2）美容透视灯应在暗室内使用。

（3）美容透视灯使用时间不能过长,以免仪器过热,缩短使用寿命。

（4）美容透视灯不能直接接触皮肤及眼睛。

三、皮肤水分油分测试仪

1. 工作原理　皮肤水分油分测试仪是采用生物电阻抗分析技术,通过微型计算机高精度测量计算皮肤的水分油分等状况的仪器(图 6-3)。

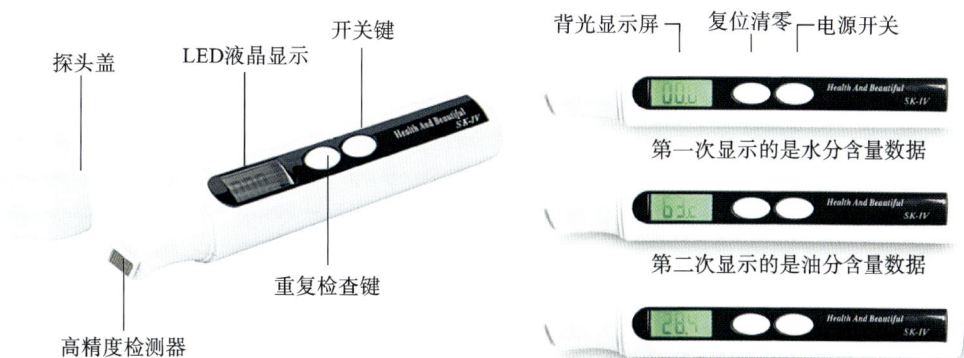

图 6-3　皮肤水分油分测试仪

2. 作用　通过测试皮肤的水分和油分两个数据,以判断皮肤角质层的含水量和油脂分泌量,从而分析皮肤的类型、判断护理效果或化妆品的吸收效果。

3. 操作方法

（1）为保证得到准确的测量结果,请在室温环境下,选择无体毛、无化妆部位测试。

Note

（2）取下测试探头的保护盖。

（3）按动电源开关(电池安装为正确)，同时有"滴"一声提醒，屏幕显示 88.8%，同时伴有背光。2 s后显示"CLR"，该状态为检测探头的清洁程度，请不要接触探头，否则显示"Err"。

（4）当听到"滴、滴"两声提示后显示"nXX"，后稳定显示"00.0%"，即可开始测试。

（5）将探头垂直于测试部位，贴在皮肤上，请将探头压入弹性壳中，听到提示音"滴"声响后，先显示皮肤水分值，接着闪烁两次显示出皮肤油分值。

（6）连续测试时请按"0"清零键，然后测试方法同(4)、(5)。

（7）测量完成 5 s后背景灯熄灭，30 s后无操作自动关机；也可直接长按开关键，约 3～5 s，可关闭电源。

（8）用毕用沾酒精的软布或薄绵纸擦净测试探头，并盖上保护盖。

4. 常见问题解答

（1）开机后或连续测试显示屏"00.0%"连续闪动，并且没有提示音，说明探头被污染，请擦净测试探头。

（2）测试时显示"---"，说明测试探头没有贴稳被测表面，请将测试探头垂直压在被测部位。

（3）显示"LOU"时，表明电池电量不足，需要更换电池。

（4）显示"UUU"时，说明测试错误，清零重测。

5. 注意事项

（1）每次使用前后，请用清洁的软布、棉纸(加少量酒精)，擦净探头表面。

（2）勿在患处、皮肤受伤处使用。

（3）出汗、高温、高湿情况下请勿使用。

6. 日常养护

（1）保持仪器清洁。

（2）不要私自拆卸仪器。

（3）不要在高温、高湿、有害气体等环境下使用。

（4）用毕装入盒中；如长时间不使用该仪器，把电池取出存放。

（5）禁止水及其他液体浸入仪器内；禁止用酸碱性液体擦拭仪器。

四、VISIA 皮肤影像分析仪

VISIA 皮肤影像分析仪为面部皮肤影像分析仪(又称魔镜)，可对所采集影像的多项特性进行量化。VISIA 皮肤影像分析仪使用封闭型面部照相室为统一光源，额头与下巴用两组固定器固定，通过软件和前次拍摄的影像比对，辅助定位，确保同一对象每次拍照位置及角度一致，便于治疗或美容前后比较(图 6-4)。

1. 工作原理 VISIA 皮肤影像分析仪使用以下三种光源来拍摄正面、左侧及右侧三组影像。

（1）标准白光：正常光线，拍摄肉眼所见的皮肤外观。

（2）365 nm 紫外光：呈现表皮色素情况。

（3）交叉极化光：分析皮肤血红素与黑色素。

2. 作用 利用这三种光源可进行斑点、皱纹、纹理、毛孔、紫外线色斑、棕色区、红色区、紫质及睫毛的长度及密度等的检测与分析。

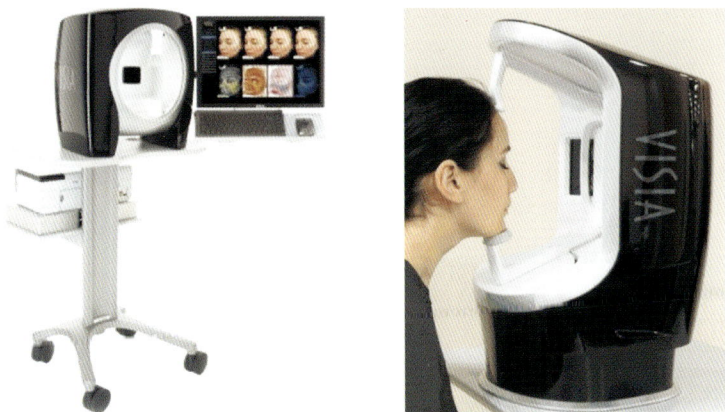

图 6-4　VISIA 皮肤影像分析仪

3．检测内容

（1）斑点：使用标准白光，依皮肤色差的不同，检测肉眼可见的雀斑、晒斑、痘印等。

（2）皱纹：利用皮肤阴影的变化，检测皱纹分布的位置与数量，评估老化程度。皱纹的阴影为细长形态，深绿和浅绿分别代表较深及较浅皱纹，但易受检测对象面部表情影响。

（3）纹理：测量皮肤平滑度，黄色表示凸起部分，蓝色代表凹陷，黄色与蓝色越少表示皮肤越平滑。

（4）毛孔：通过检测毛孔凹陷产生的阴影，评估毛孔数量及位置，依据较周围肤色深的圆形形态判别毛孔，阴影大小区分毛孔与斑点。

（5）紫外线：斑在普通光照下大多不可见，VISIA 皮肤影像分析仪检测时，因表皮黑色素选择性吸收紫外线而显像。

（6）棕色区：利用 RBX 偏光技术，检测真皮层黑色素，如色素沉着。

（7）红色区：利用 RBX 偏光技术检测皮肤血管或血红素，如痤疮、发炎、毛细血管扩张等问题。

（8）紫质：使用紫外光检测，痤疮丙酸菌会产生紫质，紫外线照射产生荧光。

（9）睫毛：检测睫毛数量及平均长度，给予分级。

4．检测方法

（1）检测对象建立基本数据。

（2）检测对象检测前应先清洁面部，用无绒毛干布擦干，带妆者应先卸妆，肩部着配套的黑色遮光领罩，戴深色非反光头箍。

（3）依据皮肤类型选择亮度，如明亮适于白种人；微亮适于东亚人（如日本人）；中等亮度适于华人、西班牙人；昏暗适于黑人。

（4）选择皮肤清洁状态，可选已清洁、刚化妆、其他三种。

（5）检测对象到达检测位置，微闭双眼，确定额头及下巴贴紧，可调整额头垫高度，确保头、颈与身体成直线。

（6）拍摄，告知对象拍摄需数秒伴两次闪光，待室内整个变亮方可改变位置。

（7）影像分析，分析区域可自动或手动选择，选择时排除反光、阴影、睫毛、头发和其他异常区域。

Note

(8) 与同一检测对象以往记录的图像数据比较,绘制发展趋势图,比较治疗前后的变化,通过上下拉动时间轴,模拟检测对象随年龄增长的变化趋势及治疗后的改善效果。

5. 检测结果

可同时或分别以下列三种方式呈现分析结果。

(1) 百分位数:该对象在 100 位相同年龄、性别、皮肤类型的检测者中,优于其他对象的人数。

(2) 特征计数:该项目在特定框选分析区域内确切个数。

(3) 分值:该项目的特征分布密度,分值越低越好。

除数字化呈现外,也可图表化(百分位曲线图、发展趋势图)呈现。

6. 使用范围

(1) 具有色斑、毛孔、皱纹、平整度、卟啉、黑色素等改变的疾病均可使用,如痤疮、黄褐斑、老化等疾病,也可评估日光损伤。

(2) 依据 VISIA 皮肤影像分析仪检测结果分析检测对象的多项指标,向其分析面部存在的问题和制订相应的治疗方案。

(3) 整合医疗机构中现有的设备、产品和疗程进入 VISIA 皮肤影像分析仪软件中,可根据检测对象相应疾病和病变特点提供治疗方案。

(4) 可对治疗结果进行客观地记录、评估与追踪,也有利于科学研究。

【任务评价】

为顾客实施面部护理前,需要科学分析和准确判断顾客的皮肤类型及皮肤问题,因此,掌握皮肤分析与检测的方法和操作流程是美容师必备的技能,在此基础上才能为顾客制订科学的护理方案,解决顾客的皮肤问题,维护皮肤的健康和美丽。

任务二　清洁、保养与治疗类仪器

视频:项目六
任务二　清洁、保养与治疗类仪器

【任务描述】

面部皮肤护理时,常需要借助各种美容仪器,来达到清洁皮肤、改善皮肤血液循环、促进皮肤新陈代谢、消炎杀菌、提高护肤品营养成分吸收率等目的,学习并掌握各种常用美容仪器的操作和养护方法,是美容师的基本技能之一。

【任务导入】

规范皮肤清洁、保养及治疗类仪器的操作方法和流程,具备根据皮肤检测的结果,正确选择美容仪器进行皮肤养护的能力,提高皮肤护理的效果。

【任务目标】

(1) 掌握常用清洁、保养与治疗类仪器的作用及操作方法。

(2) 熟悉常用清洁、保养与治疗类仪器的工作原理及注意事项。

(3) 了解常用清洁、保养与治疗类仪器的日常养护。

【任务实施】

一、冷热喷雾仪

冷热喷雾仪是将冷喷、热喷和臭氧杀菌结合于一体的多功能离子喷雾仪,能进行冷

Note

喷雾、普通蒸汽喷雾和臭氧蒸汽喷雾,具有清洁、补水、杀菌、消炎、镇静皮肤等多种美容功效,是面部皮肤护理常用美容仪器之一(图6-5)。

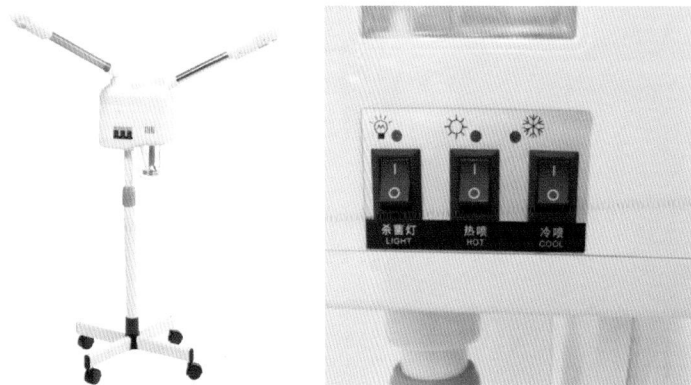

图 6-5　冷热喷雾仪

1. 工作原理

(1)冷喷仪工作原理:冷喷仪将饮用水通过物理水质软化过滤器,分离出水中的钙、镁等离子,使被过滤的水质变得清纯而无杂质。再经过特殊设计的超声波震荡,产生出带有大量负氧离子的微细雾粒,使顾客如置身于自然森林之境。

(2)热喷仪及臭氧喷雾仪工作原理:热喷仪由蒸汽发生器和臭氧灯构成。蒸汽发生器由玻璃烧杯和电热元件组成,其原理与电水壶相似。当置于烧杯内的电热元件经电流产生热能时,烧杯内水温逐渐升高,直至沸腾后产生蒸汽,从蒸汽导管的喷口处喷出雾状气体,这就是普通喷雾。在普通喷雾仪的喷口处装有臭氧灯,工作时能将空气中的氧气激活转化成臭氧,臭氧对微生物核酸蛋白具有破坏作用,致使细胞发生变质或死亡,具有较强的杀菌、消炎效果。普通蒸汽在臭氧灯作用下会产生具有杀菌、消炎作用的蒸汽,这就是臭氧喷雾。

2. 美容功效

(1)冷喷仪的美容功效:冷喷仪产生的大量低温负离子微细雾粒能吸附并渗透至皮下,给予皮肤最佳保湿滋润与休息,充分软化皮肤角质层,打开皮肤的自然屏障,加速皮肤对营养成分和护肤精华的吸收。冷喷仪适合于任何皮肤,尤其是对色斑、痤疮、敏感性问题皮肤效果更佳。冷喷有抑制黑色素生成、淡化色斑、降低皮肤表面温度、收缩毛孔、消炎消肿及抗过敏等功效。

(2)热喷仪的美容功效:①促进血液循环,暂时补充皮肤表层水分;②清除老化角质细胞及污垢;③增加皮肤的通透性,利于皮肤吸收;④促进新陈代谢,利于皮肤毒素排泄。

(3)臭氧喷雾仪的美容功效:臭氧蒸汽具有杀菌消炎作用,可使皮肤破损部位和炎症部位得到控制,加快伤口愈合。

3. 使用方法

(1)冷喷:

① 打开冷喷水箱注水口,加入清水至水箱最低水位线以上,但不超过最高水位线,等1 min并确保水已经流进雾化器后,插上电源插头。

② 打开电源开关,调节离子雾的大小,增大至所需的雾量。

Note

③ 将喷雾方向对准顾客的面部进行喷雾,一般 5~8 min。

④ 喷雾结束,先将喷口从顾客面部移开,再关闭开关,并断开电源。

(2)热喷及臭氧喷雾:

① 打开热喷注水口,注入清水,注水时不宜超过烧杯容积的 4/5 或最高水位线,最低水位线不得低于发热元件。

② 预热:按下热喷开关,仪器通电后预热 5~6 min,当蒸汽由喷口喷出后,根据治疗需要打开臭氧灯,关闭时先关臭氧灯。

③ 用湿棉片盖住顾客眼睛。

④ 喷雾使用时间和距离见表 6-4,喷雾过程中可以点拍面部,使面部皮肤放松。

⑤ 喷雾结束后,先将喷口从顾客面部移开,再关闭臭氧灯开关和热喷开关。

表 6-4　喷雾使用时间和距离

皮肤类型及皮肤问题	喷口与面部的距离	应 用 时 间
中性皮肤	25 mm 左右	3~5 min
油性皮肤	25 mm 左右	5~8 min(臭氧)
混合性皮肤	25 mm 左右	5~8 min
干性皮肤	35 mm 左右	3~5 min
痤疮性皮肤	25 mm 左右	5~8 min(臭氧),或者 20 min(冷喷)
敏感性皮肤	25 mm 左右	20 min(冷喷)
色斑性皮肤	35 mm 左右	5~8 min
衰老性皮肤	35 mm 左右	3~5 min
毛细血管扩张性皮肤	25 mm 左右	20 min(冷喷)
微血管破裂	35 mm 左右	20 min(冷喷)

4. 注意事项

(1)热喷时根据顾客皮肤类型调节好喷口与面部的角度和距离,避免喷出的蒸汽直射鼻孔而产生呼吸不畅。

(2)喷雾时间不宜过长,最好不超过 15 min,以免皮肤出现脱水现象。

(3)色斑、敏感及毛细血管扩张性皮肤不宜做臭氧喷雾。敏感性皮肤使用热喷时,需用湿棉片盖住敏感部位。

(4)注水前检查仪器是否处于完好备用状态,烧杯是否有裂缝。烧杯中的水位不得超过烧杯上面的红色标线或烧杯容积的 4/5。

(5)在热喷仪无水或者水位偏低时不要开机,否则会报警且自动关机。

(6)当发现喷射的蒸汽不均匀或有水滴喷出时,必须马上将喷口从顾客面部移开,并关闭仪器,以免烫伤顾客。

(7)冷喷过程中,若水箱水位过低,仪器会自动停机,需要及时加水。

(8)仪器使用完毕请拔掉电源,并将水倒尽。

5. 仪器养护

(1)每周清洗玻璃杯 2 次,每天换水。冷喷仪不用时请放空水箱中的水,定期清洗水箱。

(2)喷口产生喷水现象,可能是由于水中杂质将喷口堵塞。使用一段时间后,将少量醋溶于水中,注入玻璃烧杯并浸泡一夜,第二天再用清水冲洗干净,即可去掉电热元件上附着的水垢,建议每周清洗一次。

（3）蒸汽四散不集中时,可能是烧杯杯口未旋紧或错位,杯口不密封所致。

（4）用完后先关闭开关,后切段电源,将仪器归位。

二、超声波导入仪

物体在进行机械性振动时,空气中产生疏密的弹性波,其中,振动频率为20～20000 Hz机械振动波到达耳内能引起正常人的听觉,形成声音,称为声波。频率高于20000 Hz的机械振动波不能引起正常人的听觉,被称为超声波。

超声波导入疗法又称药物超声促渗透疗法,是利用超声波增强各种药剂或美容制剂传递,促进其经皮肤或黏膜吸收的促渗技术。

超声波导入仪如图6-6所示。

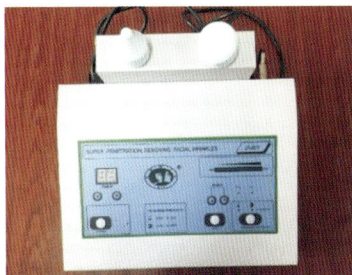

图6-6　超声波导入仪

1. 工作原理　该仪器由高频振荡发生器和超声波发射器组成。其工作原理是由高频振荡发生器提供高频交流电,超声波发射器中的晶体薄片能随着交流变电场频率迅速而准确地改变体积（周期性的压缩与伸展）,由此形成机械振动,此振动向周围介质传播而产生疏密交替的波形,即为超声波。

当其作用于人体后被机体吸收,声能转变为热能,加上本身的机械振荡作用,使超声波具有如下作用。

（1）温热作用:超声波能量不断地被组织吸收而变成热量,使组织的温度升高。可增加血液循环,加速代谢,改善局部组织营养,增强酶活力,使细胞吞噬功能增强,提高机体防御能力,促进炎症吸收,延缓衰老,缓解疲劳。

（2）机械作用:超声波具有比一般声波强大的能量,频率越高,振动速度就越快,提供的动能也就越大。当超声波作用于人体时,可引起组织中的细胞随之波动,组织得到微细而迅速地按摩,从而增强细胞膜的通透性,加强细胞新陈代谢,提高组织的再生能力,使皮肤富有光泽和弹性。它还可使坚硬的结缔组织延长、变软,使细胞内部结构发生改变,引起细胞功能的变化。超声振动能引起细胞内物质运动,使细胞质流动、细胞振荡、旋转、摩擦、从而产生细胞按摩的作用,可提高新陈代谢、加速血液和淋巴循环、促进营养吸收,从而改善细胞缺血缺氧状态、改善组织营养、改变蛋白合成率、提高再生机能,使坚硬的结缔组织延伸,松软。

（3）理化作用:①弥散作用:增强生物膜弥散过程,促进物质交换,改善组织营养。②聚合作用与解聚作用:水分子聚合是将多个相同或相似的分子合成一个较大的分子过程;大分子解聚,是将大分子的化学物变成小分子的过程。聚合作用可促进组织再生,解聚作用可促进营养物质和药物经皮透入和吸收。③修复作用:使pH值向碱性发展;促白细胞向炎症移动;促血管生成,蛋白合成,从而达到缓解酸性物质诱发的疲劳和酸痛、抑制炎症、加快受损组织细胞修复等作用。

目前所用超声波发射功率一般在25～30 W,其振动频率为800～1000 kHz。

2. 美容功效

（1）减轻或消除皮肤色素沉着:一方面超声波导入仪的声波冲击能破坏色素细胞内

Note

膜,干扰色素细胞的繁殖;另一方面利用其化学解聚作用帮助祛斑精华素渗透于皮肤,从而分解色素,使色斑变浅变小。常用于皮肤化学剥脱术后、磨削术后、激光术后、外伤、冷冻、炎症及痤疮愈后遗留的皮肤色素沉着、黄褐斑和晒斑等。

(2) 消除眼袋和黑眼圈:超声波加上机械按摩产生的能量,可加速血液和淋巴循环,促使皮下脂肪溶解,增加皮下吸收,或使积聚过多的水分和脂肪消散,眼袋也随之减轻或消失,通过加快静脉血液循环,使血液流通正常,达到消退黑眼圈的目的。

(3) 防皱除皱,散血去瘀:超声波本身具有机械按摩作用,可调节皮下细胞膜的通透性,使药物抗皱霜迅速渗透到皮肤内,促进血液循环,增强新陈代谢,使皮肤缺水缺氧的情况得到改善,细小皱纹日渐消失,延缓衰老。机械按摩还可起到活血化瘀的作用,促使组织更快吸收,使瘀斑消退。

(4) 软化血栓,消除"红脸":利用超声波的机械作用按摩扭曲变形的血管,再配合使用活血化瘀的药物,从而软化血栓,扩张血管,促进血液回流,矫正变形的毛细血管,使之恢复正常,从而达到消除"红脸"的作用。

(5) 治疗炎性结节型痤疮及痤疮瘢痕:超声波加痤疮消炎药物,再配合适当的按摩,促进局部血液和淋巴循环;利用药物导入,使炎性痤疮的充血现象得到改善,皮下硬结逐渐软化,避免形成瘢痕。

(6) 改善皮肤粗糙:利用超声波的机械按摩和温热作用,加上液状石蜡、甘油或润肤霜,能有效改善粗糙的皮肤状态。

(7) 治疗螨虫感染:超声波可将药物渗透到螨虫感染部位,治疗被螨虫感染的皮肤。

(8) 其他:除了以上作用外,超声波美容仪还具有改善妊娠纹、减消双下巴、减肥,以及镇静、镇痛的作用。

3. 操作方法　一般采用直接接触辐射法,即超声头与治疗部位的皮肤直接接触,然后超声头在治疗部位作均匀缓慢的直线往返式"之"字形移动或作均匀缓慢圆圈式螺旋形移动,移动速度以 $0.5\sim2$ cm/s 为宜。

(1) 根据治疗部位选择合适的超声头,一般面积小的部位或皮肤凹凸、狭窄处选择 1 cm 超声头,面积大且平坦的部位选择 2 cm 超声头,插入输出端,接通电源并打开电源开关。

(2) 将仪器工作旋钮调至预热位置,时间为 $3\sim5$ min。

(3) 清洁顾客面部皮肤、蒸汽喷面清除黑头粉刺。

(4) 选择适量的药膏或精华素、油剂、水剂或霜膏等均匀地涂擦在面部和超声头上,以超声头操作时能灵活转动为准。

(5) 根据顾客的肤质、年龄和个人感受调节超声波强度,一般皮肤较薄的部位超声波强度调为 $0.5\sim0.75$ W/cm²,皮肤较厚的部位超声波强度调为 $0.75\sim1.25$ W/cm²。

(6) 设定治疗时间,一般为每次 $5\sim10$ min。将工作按钮由预热调至工作位"连续"或"脉冲",即开始工作。

(7) 美容师手持超声头,力度均匀地呈"之"字形或螺旋形缓慢移动。

(8) 操作完毕,超声头离开皮肤,及时关掉电源。药物、精华素在皮肤上保留 $5\sim8$ min,使其充分渗透。

(9) 取下超声头进行清洗、消毒、擦干后保存,以防交叉感染。

4．注意事项

（1）导入的精华液或药物最好有一定黏度，黏度较好的介质可将超声头与皮肤较好地耦合起来，防止出现空隙，以免造成声能反射现象而不利于声能吸收。

（2）注意保护治疗头，切忌碰撞或空载（指治疗头表面无任何被作用物，而直接与空气相接触），否则容易导致治疗头金属晶片破裂或过热而损坏。

（3）治疗过程中要询问顾客感受，如治疗局部过热或疼痛，应降低强度以免发生烫伤。

（4）治疗时间不超过 15 min，时间过长会导致热损伤，影响疗效。

（5）眼周采用小面积治疗头、小剂量超声治疗（不超过 $1W/cm^2$），每侧眼治疗时间不超过 5 min。且声波方向不要直对眼球，以免损伤眼球。

（6）禁用易造成过敏或对治疗头有腐蚀的药物，慎用对皮肤有刺激的药物。

（7）疗程安排：隔天治疗 1 次，10 次为一个疗程，两个疗程之间间隔 7 天。

5．仪器养护

（1）超声头用后消毒擦干，保持洁净干燥，仪器及配件置于干燥环境，避免与酸、碱性物质接触。

（2）应用干布擦拭超声头，轻拿轻放，用后放回原位。

三、纳晶导入仪

纳晶是纳米晶片的简称，它由单晶硅经过纳米技术工艺雕刻而成。纳晶是微针的升级版，是无痛无创、安全便捷、高效的医学促渗工具（图 6-7）。

图 6-7　纳晶导入仪

1．工作原理　纳晶其针尖触点小于 80 nm，针尖高度为 80～300 μm，可以在不伤害皮肤真皮层，保证皮肤完整性的条件下，穿透皮肤表面的吸收屏障——角质层，在导入仪的推动下，仅需 3 s 便能在数平方厘米的表皮上打开上万个营养物质吸收通道，将营养成分送达皮肤深层，能提高 10～20 倍的吸收效果。

2．应用范围　纳晶作为促渗工具，可广泛应用于皮肤美容和治疗领域。

（1）美容促渗：皮肤日常护理、眼部保养、浅层水光及黄褐斑、雀斑、色沉、痘坑痘印、妊娠纹修复等。

（2）药物治疗促渗：治疗斑秃、脂溢性脱发、白癜风、慢性皮炎、增生性瘢痕等。

3．美容功效　纳晶配合相应的美容产品和药物可达到以下美容功效。

（1）松动厚角质，紧致皮肤。

（2）疏通毛孔，治疗闭合性粉刺。

（3）对鼻上的黑头、粉刺进行清理。

（4）导入美白产品，提亮肤色。

（5）导入去皱产品，淡化皱纹。

Note

（6）导入脱敏产品,治疗皮肤敏感。

（7）导入消炎产品,治疗炎性痤疮。

（8）导入胶原蛋白产品,补充营养。

（9）手部保养。

（10）疤痕修复。

4. 操作方法

（1）仪器准备:连接电源线,根据治疗目的选择合适型号的纳晶安装到导入仪上(表6-5),开机,检查仪器工作是否正常,关机待用(图6-8)。

（2）清洁、消毒:选择合适的洁肤产品清洁面部皮肤,清洗干净后用生理盐水消毒面部皮肤1~2遍,再用无菌纱布吸干皮肤上残留的生理盐水。

（3）导入:①开机,根据治疗目的不同选择合适挡位,一般从低挡位开始,导入过程中根据皮肤反应及耐受程度可适当调高治疗挡位;②操作者戴无菌手套,一手持导入仪,另一手拿导入精华液,边涂精华边导入;③治疗头垂直接触于皮肤上,以直线滑动或点提方式进行导入,力度以皮肤有感知但无痛感为宜,滑动法局部操作3~5 s,点提法停留时间不超过3 s;④导入顺序:由内到外,由下向上,一侧面部操作完后再进行另一侧操作。

（4）敷面膜:选择与治疗目的相应的功效面膜,潮红较重时加冷喷。

（5）涂抹面霜,锁住营养和水分。

表 6-5　纳晶的选择与使用

简　称	型　号	适 合 范 围	操 作 手 法
低针	保养型	眼部、角质层薄、红血丝以及相关功效的护肤品	滑动式
中针	功能型	痘痘、痘印、浅痘坑、淡斑、美白等功效的护肤品	点提法
高针	修护型	修复深痘坑、妊娠纹、治疗脱发等功效的护肤品	点提法

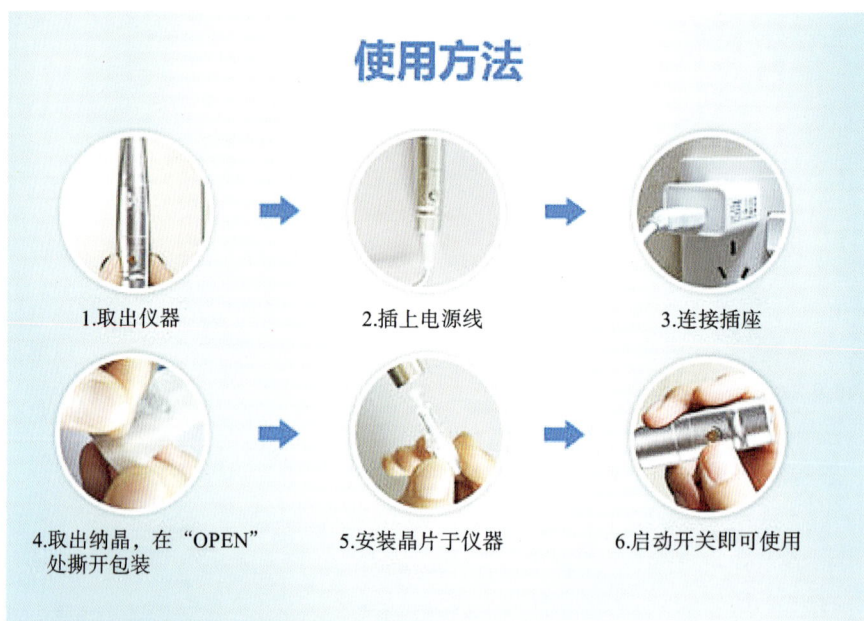

图 6-8　纳晶导入仪的使用方法

Note

5．术后护理

（1）纳晶导入后 48 h 内，皮肤会出现轻微红肿、刺痛、瘙痒等反应，属正常反应，可给予面膜冷敷，每天一次，连敷 3 天，同时做好补水、保湿、修复和防晒，红肿和刺痛感会慢慢消退。

（2）术后 3 天内禁止饮酒，避免进食辛辣刺激性和过热食物。

（3）术后两周内请勿过度按摩或揉捏治疗部位，并避免高温湿热的环境，避免蒸桑拿或剧烈运动。

6．注意事项

（1）重度敏感皮肤及皮肤有破损和感染者不能进行纳晶导入。

（2）遵守无菌操作，治疗区皮肤及操作者的手均需严格消毒。

（3）导入过程中，同一部位停留不超过 3 s，重复不超过 3 遍。

（4）纳晶为一次性使用产品，不能消毒后重复使用。

（5）电源接通后，不可用湿手接触仪器。

（6）导入仪机身不可拆解，应放置于儿童不可触及之处。

（7）治疗间隔：①美容护肤：干性及敏感肌肤，10 天一次；中性和油性皮肤，一周一次，不要过度刺激皮肤。②皮肤治疗：每周 1～2 次。

7．仪器养护

（1）使用时避免碰撞和滑落。

（2）用后先切断电源，及时卸下纳晶，放入医疗废物中；分离机身和电源线，用软布擦拭并消毒机身，待干后放入仪器盒中。

（3）使用中如发生故障，应立即关闭电源，送到经销商、厂家维修，不得自行修理。

四、射频美容仪

射频（radio frequency，RF）又称射频电流，是介于声频和红外线频谱之间的一种高频交流变化电磁波的简称。射频美容技术是一种非侵袭性、准医学的全新美容方法，可以拉紧皮下深层组织和收紧皮肤，达到使下垂或松弛的面部重新提升的效果（图 6-9）。

1．工作原理　射频美容仪利用每秒 600 万次的高速射频技术作用于皮肤，皮肤内的电荷粒子在同样的频率下会变换方向，随着射频高速运动后产生热能。射频电流作用于皮肤组织后产生一种反向的温度梯度，使表皮下方的组织温度升高比表皮更明显，导致深层皮肤及皮下组织的柱状加热和收紧，让松弛的皮肤马上得到向上提拉、紧实的拉皮效果，并保护表皮以防止热损伤。皮肤深层组织温度升高还会引起一

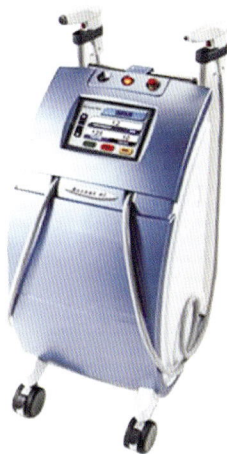

图 6-9　射频美容仪

系列生物效应，如血管扩张、血液和淋巴循环加快、毛细血管和细胞膜通透性增加、细胞内酶活性提高、新陈代谢加速、机体免疫功能增强，使胶原蛋白合成加快，真皮层的厚度和密度增加，皱纹得以抚平，从而达到消除皱纹、收紧皮肤、延缓皮肤衰老、抗炎、消肿软化瘢痕组织、解痉止痛等美容和治疗效果。

2．美容功效

（1）收紧、提升面部皮肤。

（2）改善皮肤的新陈代谢，光嫩皮肤。

Note

（3）去除皱纹，修复妊娠纹。

3. 操作方法

（1）用适合顾客皮肤的洁面乳清洁面部皮肤。

（2）接通电源，向仪器插进 IC 卡，仪器处于待机状态。

（3）在顾客面部涂抹一层冷凝胶。

（4）连接射频探头和紧肤电流棒，设置工作时间，一般为 20～40 min。

（5）美容师分别用射频探头和紧肤电流棒在顾客面部皮肤上轻轻滑动，操作手法由内向外，由下向上，与皱纹方向垂直，与肌肉走向相一致，重点集中在眼角、嘴角的表情纹和其他有皱纹的部位，每个部位养护时间约为 15 min。

（6）养护完毕，清洗凝胶，涂抹营养霜。

4. 注意事项

（1）安装心脏起搏器、有金属植入、发热、晚期病症、出血性疾病、治疗区有严重皮肤病者以及有注射皮下填充物者和孕妇禁止使用。

（2）操作时射频探头和紧肤电流棒应与皮肤紧密接触，以保证治疗能量均衡。

（3）操作过程中注意观察治疗区皮肤色泽的改变及顾客的主观痛感，以皮肤微微发红且不过于疼痛为宜，如果顾客对疼痛或者热度敏感，可以在治疗部位涂抹一层具有镇静或者缓解疼痛作用的冷凝胶或喷雾剂。

（4）少数顾客在养护后皮肤有微红现象，不必处理，可在几小时后自行恢复正常。

（5）加强皮肤保湿和防晒养护。

（6）一周内勿用热水洗脸、泡温泉及桑拿浴。

【相关知识】

RF、IPL 与 e 光

RF(radio frequency)，即射频，是一种高频交流变化电磁波的简称，可以辐射到空间的电磁频率为 300 kHz～300 GHz，主要利用其射频能量进行祛皱、美白等。

IPL(intense pulsed light)，即强脉冲光，是一种很柔和、有良好光热作用的光源。基于光的选择性吸收和强热量原理，照射皮肤后会产生生物刺激作用和光热解作用，而被用于治疗痤疮、老年斑、色斑以及改善皮肤肤质等。

e 光的核心技术主要是射频＋光能＋表皮冷却，是射频能量与强光优势互补结合进行治疗的技术，在光能强度较低的情况下强化靶组织对射频能的吸收，极大地消除了光能过强的热作用可能引起的副作用和不适，广泛用于祛斑、脱毛、祛除红血丝、除痣等。

五、光子嫩肤仪

光子是强脉冲光的简称，是由大气压氙灯产生的高强度的光，其波长范围在 500～1200 nm，其中较短波长的光用于治疗血管性和色素性病变，而较长波长的光可以治疗光老化及用于脱毛。光子嫩肤就是利用强脉冲光恢复皮肤的年轻态和健康态，它可在不损伤正常皮肤组织的前提下清除面部各种色素性和血管性斑块，同时刺激胶原组织增生，恢复皮肤弹性，使得面部皮肤质地得到整体提升，重新焕发出健康的青春风采(图6-10)。

1. 工作原理

（1）选择性光热解原理：强脉冲光中较短波长的光可被皮肤的色素基团和血管的血红蛋白选择吸收。①使色素基团分解破坏，达到祛斑目的。②使血红蛋白变性、凝固，血管闭塞,达到治疗毛细血管扩张的效果。③毛囊中的色素吸收波长较长的强光热能,导致毛囊破坏,达到脱毛的效果。

（2）生物刺激作用:强脉冲光中较长波长的光可穿透表皮达真皮深层组织,产生光热作用和光化学作用,使真皮胶原纤维和弹力纤维重新排列组合和再生,恢复皮肤弹性,并使血管弹性增强,循环改善,从而达到改善皮肤纹理、消除皱纹、缩小毛孔等嫩肤效果。

2. 美容功效

（1）最大程度地清除或淡化各种色斑和老年斑。

（2）去除面部红血丝和红斑、痘印。

（3）增厚皮肤胶原层,增强皮肤弹性。

（4）抚平细小皱纹。

（5）收缩粗大毛孔。

（6）显著改善面部皮肤粗糙的状况。

（7）消除或淡化痤疮疤痕。

（8）脱毛。

图 6-10　光子嫩肤仪

3. 禁忌证

（1）光过敏及使用过光敏性药物者。

（2）瘢痕体质和治疗部位有感染者。

（3）癫痫病、糖尿病、严重的心脏病、高血压、有出血倾向者。

（4）孕妇及怀疑有皮肤癌患者。

4. 操作方法

（1）防护与消毒:顾客平躺于美容床上,美容师戴专业防护眼镜,顾客戴上强光防护眼罩、发带及围脖,并启动设备,消毒治疗头。

（2）根据顾客皮肤状况设置适宜的参数,设置原则:①脉宽:皮肤越厚,病变越深,脉宽调长(单个脉冲的脉宽太长易引起热损伤,可通过增加脉冲次数来延长脉宽);②脉冲间隔:两个脉冲之间的间隔时间,皮肤越黑,间隔应调长;③能量密度:从低能量密度开始,根据皮肤反应逐级上调。肤色黑者,能量密度应适当调小。

（3）测试光斑:在顾客耳旁或下颌侧不显眼部位皮肤上涂上少许冷凝胶,涂沫 $1\sim2$ mm 厚,手持治疗头压着冷凝胶贴近皮肤但不要紧压皮肤,按下触发键发射强光。观察测试光斑反应 $10\sim15$ min,若反应正常,可按此能量继续治疗。

（4）开始治疗:在全面部均匀涂上冷凝胶,按照由下而上、由内而外的次序依次照射两颊及下颌、鼻部、额部及眼部外侧,注意保护头发和眉毛。

（5）观察皮肤反应:若达到要求即可结束治疗。

（6）清洗:将冷凝胶轻轻刮干净,取下防护眼罩,用冷水洗净面部。

（7）敷面膜、冷敷:敷保湿修复面膜,配合冰袋冷敷或冷喷 $25\sim30$ min。

（8）最后涂抹无刺激的眼霜、润肤霜和防晒霜。

5. 术后护理

（1）光子嫩肤术后皮肤会出现轻微灼热感及潮红,术后常规冷敷 $25\sim30$ min,若潮红严重,冷敷后可涂烫伤膏 $1\sim2$ 天。

Note

（2）术后三天内用冷水洁面，不吃辛辣刺激性及过热食物。

（3）术后一周每晚敷保湿修复面膜，并加强补水和保湿，每天早晚洁面后涂抹保湿乳液。

（4）术后一个月内避免日光暴晒，外出涂防晒霜。可配合内服维生素 C、维生素 E，预防色素沉着。

6. 注意事项

（1）治疗前与顾客沟通可能出现的反应及感觉，消除其紧张心理。

（2）治疗过程中注意观察顾客皮肤反应，以局部出现灼热、潮红反应为宜，若无潮红、灼热反应，则应增加能量密度，但应逐级增加，一次只能增加 $1\sim2\ J/cm^2$。

（3）治疗额部、眼周、鼻部及唇周时，可适当抬高治疗头，并调低能量密度 10%。

（4）禁止在上眼睑上照射，治疗额部和眼袋时，注意保护眉毛和睫毛。

（5）光照时尽量使皮肤紧绷或伸展，保持治疗头晶体面始终与皮肤平行。

（6）如需要重复照射，两次照射之间至少需要间隔 10 min，肤色黑者还需适当延长时间。

（7）治疗头工作状态处于"冷冻"状态时，避免将治疗头晶体置于皮肤上超过 5 s，以免损伤皮肤。

（8）避免将冷凝胶长时间留于冷却的治疗晶体上，导致冷凝胶结冰而使光散射。治疗间隔时应将设备设定为"常温"状态；若冷凝胶结冰，应将设备设定为"去霜"状态。

六、红蓝光治疗仪

红蓝光治疗仪所发出的高纯度、高功率密度的红光、蓝光及黄光，对皮肤进行照射后，能改变细胞结构，杀死细菌，为新生细胞提供一个适合的环境，增强弹性蛋白和胶原蛋白的生成，促进细胞生长。红蓝光治疗仪是治疗痤疮和嫩肤最安全而且效果显著的仪器之一（图6-11）。

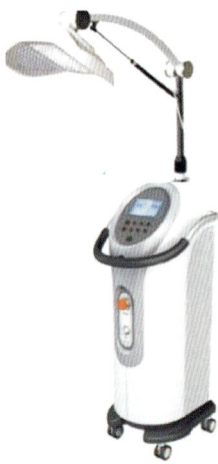

图 6-11　红蓝光治疗仪

1. 工作原理

（1）红光治疗原理：波长为 $620\sim700\ nm$ 的红光既没有很强的热效应，又比紫外光穿透力强，可以作用于 $2\sim5\ cm$ 的较深层组织，光能被组织细胞吸收，可提高细胞活性，促进蛋白质合成及能量代谢，增强白细胞的吞噬功能，加速血液循环，增加皮肤弹性、改善皮肤萎黄、暗哑等状况。

（2）蓝光的治疗原理：波长为 $410\sim480\ nm$ 的蓝光可以发挥光动力学效应，激发皮肤酶质内的卟啉并释放大量单态活性氧，从而破坏痤疮丙酸杆菌及减轻炎症反应。

光动力治疗仪除了有红蓝光头，还有黄光头、绿光头等。

2. 各种光的功效及临床应用

（1）红光：被称为生物活性光，具有消炎、消肿、止痛、止痒的作用，在皮肤护理、保健治疗中效果显著，可达到抗衰老、抗氧化、修复皮肤的功效。红光主要用于美白淡斑、嫩肤祛皱、修复受损皮肤、抚平细小皱纹、缩小毛孔、增生胶原蛋白等。

（2）蓝光：蓝光可以在对皮肤组织毫无损伤的情况下，高效地破坏痤疮丙酸杆菌，具有快速抑制炎症的功效，能最大限度地减少痤疮的形成，见效快、疗程短、不良反应少。

（3）黄光：波长为 590 nm，对于敏感性皮肤及处于过敏期的皮肤有良好的缓解和治疗作用。

（4）绿光：波长为 560 nm，自然而柔和的光色，有安定神经的功效。绿光可改善焦虑或抑郁，调节皮肤腺体功能，有效疏通淋巴及去水肿，改善油性皮肤等。

（5）紫光：红光和绿光的双频光，其结合了两种光的功效，在治疗痤疮和祛痘印方面有着较好的效果和修复作用。

3. 操作方法

（1）彻底清洁皮肤，消毒，清理痤疮及粉刺。

（2）根据治疗目的，选择治疗光源，置于顾客治疗部位上方，光板距离皮肤表面 1～4 cm，每次照射 15～20 min。

（3）光源选择原则：

①痤疮皮肤，以红蓝光交替治疗为主，炎性皮损较明显者先予以蓝光照射，炎症后期或炎症不明显者给予红光照射。

②治疗其他皮肤炎症、美白嫩肤、保养皮肤，选择红光照射。

③改善皮肤敏感症状，可采用红黄光联合治疗，先照红光，后照黄光，共 10～15 min。

（4）治疗间隔与疗程：每周 2 次，光照间隔至少 48 h，8 次为一个疗程。

4. 注意事项

（1）禁忌证：卟啉症患者、孕妇、光过敏者等。

（2）红蓝光治疗安全，无副作用，但要控制照射时间和治疗间隔。

（3）极少数治疗者照射局部可出现轻微疼痛，照射后可出现持续数小时头痛，不需特殊处理。

【任务评价】

面部护理中借助各种美容仪器，可达到清洁皮肤、改善皮肤血液循环、促进皮肤新陈代谢、消炎杀菌、提高护肤品营养成分吸收率等目的，学习并掌握各种常用美容仪器的操作和养护方法，是美容师的基本技能之一。

同 步 测 试

一、选择题

1. 表皮型黄褐斑在美容透视灯下的表现是（　　）。

A. 色泽加深　　　　　　　　　　　　B. 色泽不加深

C. 色泽呈不均匀点状加深　　　　　　D. 不能辨认

E. 以上都不是

扫码看答案

2. 通过美容透视灯观察皮肤呈现大量橙色、黄色荧光是哪种皮肤类型？（　　）

A. 油性皮肤　　B. 干性皮肤　　C. 中性皮肤　　D. 敏感性皮肤　　E. 混合性皮肤

3. 光子嫩肤仪发出的光属于（　　）。

A. 单色光　　　B. 相干光　　　C. 宽光谱光　　　D. 单一波长光　　E. 以上都不对

4. 热喷时，喷雾仪烧杯中的水位不得超过烧杯的哪个部位？（　　）

A. 容积的 4/5 或红色标线　　　　　　B. 容积的 2/5

C. 容积的 1/2　　　　　　　　　　　D. 容积的 3/5

E. 杯口

Note

5. 下列哪项不是超声波导入仪的作用？（　　　）

A. 减轻或消除皮肤色素沉着 　　　　　　　B. 防皱除皱

C. 消除眼袋和黑眼圈 　　　　　　　　　　D. 软化瘢痕

E. 杀灭痤疮丙酸杆菌

二、填空题

1. VISIA 皮肤影像分析仪使用的三种光源分别是_____、_____和_____。

2. 超声波导入时，治疗头在皮肤上的移动方式包括_____和_____两种，移动速度以_____ cm/s 为宜。

3. 纳晶导入的操作手法有_____法和_____法。

4. 射频美容仪的工作时间一般为_____ min，每一个部位的养护时间约为_____ min。

5. 强脉冲光的治疗原理包括_____和_____，其中_____可达到祛斑、治疗毛细血管扩张及脱毛等效果，_____可以达到改善皮肤纹理，消除皱纹，缩小毛孔等美容效果。

6. 红蓝光治疗仪红光的波长为_____，蓝光的波长为_____。

三、简答题

1. 简述 VISIA 皮肤影像分析仪的工作原理。

2. 如何使用皮肤水分油分检测仪？

3. 简述超声波导入的注意事项。

4. 简述纳晶导入的注意事项。

5. 射频美容具有哪些美容功效？其禁忌证有哪些？

6. 简述臭氧喷雾仪的工作原理及美容功效。

7. 光子嫩肤仪具有哪些美容功效？

8. 红蓝光治疗仪中每种光的作用有哪些？

🖋 思政金句

我是中国人民的儿子。我深情地爱着我的祖国和人民。　　　　　——邓小平

全面建设社会主义现代化强国，实现第二个百年奋斗目标，必须走自主创新之路。　　　　　　　　　　　　　　　　　　　　　　　——习近平

弘扬精益求精的工匠精神，激励广大青年走技能成才、技能报国之路。

　　　　　　　　　　　　　　　　　　　　　　　　　　　　——习近平

[1] 陈丽娟.美容皮肤科学[M].2版.北京:人民卫生出版社,2018.

[2] 金玉忠,李云端.中医学基础[M].2版.北京:科学出版社,2008.

[3] 刘玮.我国美容皮肤科学的现状及发展[J].中华医学信息导报,2006,12(17):14.

[4] 陈景华.美容保健技术[M].2版.北京:人民卫生出版社,2014.

[5] 刘强,程跃英,熊蕊.美容解剖与生理[M].上海:上海交通大学出版社,2014.

[6] 汤明川.美容指导·面部护理[M].上海:上海交通大学出版社,2009.

[7] 张秀丽,赵丽,聂莉.美容护肤技术[M].北京:科学出版社,2015.

[8] 梁娟.美容业经营管理学[M].2版.北京:人民卫生出版社,2014.

[9] 张丽宏.美容实用技术[M].2版.北京:人民卫生出版社,2014.

[10] 杜莉.现代美容技术[M].2版.北京:中国轻工业出版社,2011.

[11] Milady.国际美容护肤标准教程[M].马东芳,译.北京:人民邮电出版社,2016.

[12] 张卫明,袁昌齐,张茹芸,等.芳香疗法和芳疗植物[M].南京:东南大学出版社,2009.

[13] 张海燕.精油芳香疗法[M].北京:求真出版社,2013.